国际中文教育中文水平等级标准

Chinese Proficiency Grading Standards for
International Chinese Language Education

成语学习手册

Idiom Learning Handbook

陈 宏 编著

北京语言大学出版社
BEIJING LANGUAGE AND CULTURE
UNIVERSITY PRESS

© 2024 北京语言大学出版社，社图号 24155

图书在版编目（CIP）数据

国际中文教育中文水平等级标准. 成语学习手册 / 陈宏编著. -- 北京 : 北京语言大学出版社，2024. 9.（2025.8 重印）
ISBN 978-7-5619-6637-2

Ⅰ．H195.3

中国国家版本馆 CIP 数据核字第 20248MM041 号

国际中文教育中文水平等级标准
成语学习手册
GUOJI ZHONGWEN JIAOYU ZHONGWEN SHUIPING DENGJI BIAOZHUN
CHENGYU XUEXI SHOUCE

责任编辑：周 鹏	英文编辑：徐 梦
封面设计：张 娜	责任印制：周 燚
排版制作：李 越	

出版发行：北京语言大学出版社

社　　址：北京市海淀区学院路 15 号，100083
网　　址：www.blcup.com
电子信箱：service@blcup.com
电　　话：编 辑 部　8610-82303670
　　　　　国内发行　8610-82303650/3591/3648
　　　　　海外发行　8610-82303365/3080/3668
　　　　　北语书店　8610-82303653
　　　　　网购咨询　8610-82303908
印　　刷：北京瑞禾彩色印刷有限公司

版　　次：2024 年 9 月第 1 版	印　　次：2025 年 8 月第 2 次印刷
开　　本：787 毫米 × 1092 毫米　1/16	印　　张：21.25
字　　数：262 千字	
定　　价：98.00 元	

PRINTED IN CHINA

凡有印装质量问题，本社负责调换。售后QQ号1367565611，电话010-82303590

编写说明

《国际中文教育中文水平等级标准·成语学习手册》(以下简称《成语学习手册》)是面向具有中高级中文水平学习者的实用型成语学习用书。本书从教育部和国家语委联合发布的《国际中文教育中文水平等级标准》(GF 0025—2021)(以下简称《标准》)的"词汇表"中穷尽式收录 379 条成语，化整为零分为 30 个单元，方便学习者有计划地安排学习。其中 371 条成语按照意义相关原则编为 26 个单元，学习者可以每天完成一个单元的成语学习。另外，"亡羊补牢、守株待兔、愚公移山、朝三暮四、画龙点睛、画蛇添足、刻舟求剑、自相矛盾" 8 条成语同时给出成语故事，用 4 个单元分别呈现。

《成语学习手册》每个单元分为"生词表""成语释义及例句""练习"三大部分。"生词表"部分给出成语的汉语拼音、英文释义，方便学习者形成初步的认识。"成语释义及例句"部分从图示、释义、用法、例句等四个维度对成语进行说明和呈现，分别给出每条成语的彩色插图、中文释义、在句子中充当什么成分、褒贬色彩以及两个情景例句。"练习"部分分为理解性练习和运用性练习两类：理解性练习侧重于考查学习者能否正确理解成语的整体意义以及成语中的部分语素，包括两个题型，即"根据意思写出成语"和"选出画线字在成语中的意思"；运用性练习侧重于考查学习者能否正确地运用成语，每个练习题都在句子或对话中给出特定的情境，让学习者在情境中更好地理解、运用所学的成语，也包括两个题型，即"选择合适的成语填空"和"根据对话情景，用所给成语造句，将对话补充完整"。为了帮助学习者及时复习巩固，我们在 4 个成语故事单元中设置了"综合练习"，帮助学习者进行阶段性回顾。综合练习设置的题型包括："判断下列成语的使用是否正确""请把下列成语填入合适的类别中""在空格中填入合适的汉字，使每个成语都成立"及"小组活动"。

《成语学习手册》既可以作为中高级中文水平学习者的成语选修课教材，也可以作为 HSK 备考用书或自主学习成语的学习用书。书中的成语释义、例句以及练习题中的词语基本都控制在 HSK 一至四级词汇大纲的范围，目的是降低词汇难度，便于学习者自主学习。在成语故事单元中，为了保证情节的准确性，故事中会出现 HSK 四级以上词语，对此我们都在生词表中加注了拼音和英文释义，以帮助学习者更好地理解。书后按音序排列的索引中，还列出了每个成语在《标准》中对应的 HSK 等级和编号。

　　本书主要特色如下：一、精心设计插图。每个词条都配有与词条或例句相配合的插图，可以生动直观地呈现成语的含义，帮助学习者准确快速地理解，增加了学习的趣味性。二、中文释义简洁明了。中文释义充分考虑到外向型词典的释义模式，不仅对成语中较难理解的语素加以解释说明，而且在整体含义的表述上更便于二语学习者的理解。三、练习丰富。每个成语都给出了大量的例句和练习，情景对话练习题还给出了具体的运用场景，帮助学习者在真实的语境中不断加强对成语的理解、巩固和运用。

　　成语是中文词汇中特有的一种固定短语，结构具有凝固性，意义具有整体性，蕴含着中文简明、意合的特点，凝结着中国传统文化的精华。成语语体风格庄重典雅，多用于书面语，中高级阶段的中文学习者掌握一定数量的成语对提高阅读能力、增进对中国文化的理解有很大的帮助。成语教学本该是国际中文教育的重点教学内容之一，但教学现状表明，成语教学受到的关注相对较少，可以说是国际中文教育中的薄弱环节。《成语学习手册》就是编者从教学实际出发，帮助学习者自主学习中文成语的一种积极尝试。

　　本书在编写过程中得到了天津大学国际教育学院戴婷婷、甘悦宁、赵卫等老师的积极支持，北京语言大学出版社综合编辑部主任周鹂老师提出了很多建设性意见，高特、高琬昕、郭馥闻、王永昌、井文聪、宋倩、张玉玲、赵芷惀、陈郁洁、魏昕冉、张晓茹、陈诺、李玉硕、李彦荨等 21 级、22 级、23 级硕士研究生帮助收集了大量材料，书中所有插图由张冬灿、牛雅慧、杨惠文、任鹏惠四位同学绘制而成。我们对以上老师和同学表示衷心的感谢！书中肯定还存在疏漏之处，恳请广大使用者批评指正！

编者

2024 年 7 月

目 录

1	第一课	开天辟地 暴风骤雨 川流不息 土生土长	翻天覆地 风风雨雨 水落石出	惊天动地 呼风唤雨 自然而然	日新月异 雪上加霜 顺其自然	风和日丽 峰回路转 原汁原味	1
2	第二课	奇花异草 经久不息 迄今为止	欣欣向荣 日复一日 争分夺秒	万古长青 自始至终 可乘之机	斩草除根 断断续续 摇摇欲坠	天长地久 有朝一日 千钧一发	13
3	第三课	千家万户 四面八方 各式各样	家家户户 千军万马 形形色色	挨家挨户 五颜六色 比比皆是	大街小巷 丰富多彩 成千上万	成群结队 五花八门	24
4	第四课	络绎不绝 三番五次 古今中外	源源不断 没完没了 衣食住行	层出不穷 寥寥无几 吃喝玩乐	供不应求 诸如此类 悲欢离合	接二连三 酸甜苦辣 喜怒哀乐	35
5	第五课	潜移默化 一成不变 不翼而飞 化险为夷	新陈代谢 突如其来 忽高忽低	取而代之 扑面而来 翻来覆去	耳熟能详 千变万化 此起彼伏	愈演愈烈 变幻莫测 面目全非	46
6	第六课	相辅相成 根深蒂固 因人而异	密不可分 归根到底 大同小异	息息相关 来龙去脉 美中不足	水涨船高 不了了之 万无一失	深入人心 见仁见智	57
7	第七课	相比之下 错综复杂 居高临下	不相上下 纵横交错 势不可当	一模一样 十字路口 大有可为	恰到好处 横七竖八	恰如其分 杂乱无章	68

8	第八课	成语故事二则及综合练习 亡羊补牢　守株待兔					79
9	第九课	门当户对 敬而远之 一路顺风	亲朋好友 似曾相识 一帆风顺	形影不离 素不相识 如愿以偿	朝夕相处 针锋相对 心想事成	萍水相逢 一路平安 鹏程万里	87
10	第十课	顺理成章 约定俗成 至关重要	理直气壮 众所周知 当务之急	理所当然 岂有此理 微不足道	显而易见 无可厚非 无足轻重	天经地义 重中之重 无关紧要	98
11	第十一课	耳目一新 独一无二 脱颖而出	不同寻常 与众不同	史无前例 截然不同	前所未有 格格不入	前无古人 鹤立鸡群	109
12	第十二课	实话实说 出口成章 赞叹不已	抑扬顿挫 引经据典	头头是道 滔滔不绝	绘声绘色 夸夸其谈	有声有色 赞不绝口	119
13	第十三课	七嘴八舌 自言自语 总而言之	沸沸扬扬 一言不发 一概而论	相提并论 一声不吭	脱口而出 无可奉告	有口无心 无论如何	129
14	第十四课	交头接耳 熙熙攘攘 一塌糊涂	左顾右盼 不亦乐乎 一干二净	东张西望 哄堂大笑	欢声笑语 鸦雀无声	张灯结彩 乱七八糟	139
15	第十五课	成语故事二则及综合练习 愚公移山　朝三暮四					149
16	第十六课	见义勇为 诚心诚意 灵机一动	袖手旁观 彬彬有礼 心灵手巧	光明磊落 不辞而别 别具匠心	不正之风 足智多谋 一技之长	以身作则 举一反三	157
17	第十七课	兢兢业业 一鼓作气 东奔西走	发愤图强 自力更生 艰苦奋斗	自强不息 竭尽全力 连滚带爬	全心全意 千方百计 勤工俭学	全力以赴 想方设法	168

18	第十八课	坚持不懈 一如既往 前赴后继 精益求精	持之以恒 实事求是 争先恐后	夜以继日 一心一意 与时俱进	废寝忘食 死心塌地 与日俱增	半途而废 勇往直前 循序渐进	179
19	第十九课	齐心协力 不约而同 自以为是	众志成城 异口同声 指手画脚	同舟共济 不耻下问 盛气凌人	相依为命 孤陋寡闻 大模大样	各奔前程 不以为然 目中无人	190
20	第二十课	大公无私 讨价还价 轻而易举 一事无成	顾全大局 精打细算 力不从心	一毛不拔 节衣缩食 任人宰割	自私自利 无能为力 一筹莫展	见钱眼开 力所能及 无济于事	201
21	第二十一课	罪魁祸首 沽名钓誉 大包大揽 耳闻目睹	无恶不作 改邪归正 有的放矢	乘人之危 无情无义 所作所为	弄虚作假 冷酷无情 一举一动	损人利己 发扬光大 一言一行	212
22	第二十二课	爱不释手 情不自禁 兴高采烈	念念不忘 喜出望外 前仰后合	如醉如痴 津津有味 得意扬扬	恋恋不舍 眉开眼笑 面红耳赤	依依不舍 愁眉苦脸 恼羞成怒	223
23	第二十三课	成语故事二则及综合练习 画龙点睛　画蛇添足					234
24	第二十四课	毫不犹豫 犹豫不决 迷惑不解	胸有成竹 难以置信 不可思议	不假思索 半信半疑 莫名其妙	司空见惯 耐人寻味 似是而非	记忆犹新 一目了然 半真半假	240
25	第二十五课	恍然大悟 聚精会神 随时随地	可想而知 引人注目 无微不至	不得而知 引人入胜 不知不觉	一无所知 小心翼翼 粗心大意	目不转睛 面面俱到	251
26	第二十六课	从容不迫 随心所欲 哭笑不得	心安理得 心急如焚 垂头丧气	无忧无虑 惊慌失措 无精打采	怡然自得 措手不及 精疲力竭	自由自在 迫不及待 疲惫不堪	262

27	第二十七课	后顾之忧 大惊小怪 骇人听闻	思前想后 目瞪口呆 惊心动魄	胡思乱想 出人意料 触目惊心	异想天开 扣人心弦 合情合理	大吃一惊 提心吊胆	273
28	第二十八课	独立自主 无所作为 无家可归 得天独厚	不由自主 得不偿失 走投无路	身不由己 倾家荡产 一无所有	无可奈何 风餐露宿 应有尽有	无所事事 忍饥挨饿 一应俱全	284
29	第二十九课	容光焕发 远近闻名 当之无愧	朝气蓬勃 大名鼎鼎 可歌可泣	举世无双 家喻户晓	举世瞩目 默默无闻	举世闻名 名副其实	295
30	第三十课	成语故事二则及综合练习 刻舟求剑　自相矛盾					305
索　引							312

第一课 1

1 生词表

1	开天辟地	kāitiān-pìdì	the creation of heaven and earth—dawn of history; heroic
2	翻天覆地	fāntiān-fùdì	earth-shaking; quarrel furiously
3	惊天动地	jīngtiān-dòngdì	(of sound) extremely loud; tremendous
4	日新月异	rìxīn-yuèyì	change with each passing day—change rapidly
5	风和日丽	fēnghé-rìlì	warm and sunny
6	暴风骤雨	bàofēng-zhòuyǔ	violent storm
7	风风雨雨	fēngfēngyǔyǔ	repeated difficulties and hardships

8	呼风唤雨	hūfēng-huànyǔ	summon wind and rain; control the forces of nature; stir up trouble
9	雪上加霜	xuěshàng-jiāshuāng	snow plus frost—exacerbate
10	峰回路转	fēnghuí-lùzhuǎn	the path winds along mountain ridges; take a turn for the better after suffering setbacks
11	川流不息	chuānliú-bùxī	come and go in an endless flow
12	水落石出	shuǐluò-shíchū	when the water subsides, the rocks emerge—the whole thing comes to be obvious
13	自然而然	zìrán'érrán	naturally
14	顺其自然	shùnqízìrán	let things take their own course
15	原汁原味	yuánzhī-yuánwèi	original taste and flavour; without external influence
16	土生土长	tǔshēng-tǔzhǎng	locally born and bred

2 成语释义及例句

1	开天辟地		**义** 辟：开辟。神话故事说，盘古氏开天辟地后才有世界，因此用"开天辟地"表示宇宙开始或有史以来第一次、前所未有的。 **用** 可做谓语、定语。 **例** • 在中国古代神话中，盘古开天辟地才有了世界。 • 这些开天辟地的英雄硬是靠自己的双手，把昔日的戈壁滩变成了今日的米粮仓。
2	翻天覆地		**义** 翻、覆：翻过来。①形容变化巨大而彻底。②形容闹得很凶。 **用** 可做定语、补语。义项①含褒义，义项②含贬义。 **例** • 目前教育行业正发生着翻天覆地的变化，我们要积极应对这种变化。 • 小明和父母大吵了一架，把家里闹得翻天覆地。
3	惊天动地		**义** 惊、动：使震惊，使震动。①形容声音特别响亮。②形容声势浩大或事业伟大。 **用** 可做定语、谓语。 **例** • 他一声令下，惊天动地的炮火声立即响起，一场战斗打响了！ • 经过几代人的努力，荒漠终于变成了森林，这成就简直惊天动地！
4	日新月异		**义** 新：更新；异：变化。每天每月都有新的变化，形容发展、进步很快。 **用** 可做定语、谓语，含褒义。 **例** • 在日新月异的网络时代，人们的工作和生活越来越方便了。 • 改革开放后，中国的面貌日新月异。

5	风和日丽		义 和：柔和，温和。形容天气晴朗暖和（多用于春天）。 用 可做谓语、定语。 例 • 刚才还是风和日丽，这会儿却突然下起雨来。 • 今天真是个风和日丽的好天气，我们去郊游吧！
6	暴风骤雨		义 骤：急速的。来势急速而猛烈的风雨，比喻声势浩大、发展迅猛的群众运动。 用 可做主语、宾语。 例 • 天空中乌云密布，一场暴风骤雨就要来临。 • 这场运动就像暴风骤雨一样，很快席卷了全国。
7	风风雨雨		义 比喻经历过的各种艰难困苦。 用 可做主语、宾语。 例 • 风风雨雨20多年过去了，张老板创办的企业已经发展到了世界领先水平。 • 面对生活的风风雨雨，只有意志坚强的人才能活出多彩的人生。
8	呼风唤雨		义 唤：召唤。使刮风下雨，原指神仙道士的法力，现在比喻能够支配自然或左右某种局面，有时也比喻进行煽动性的活动。 用 可做谓语、定语，在不同的语境中有不同的感情色彩。 例 • 在中国古代神话中，龙王可以呼风唤雨，给干旱的农田带来降水。 • 老爷子在这个地区有着呼风唤雨的本事，别人很难办的事情，他却很容易做到。

9	雪上加霜		义 加：增加。雪上还加了一层霜，用来比喻一再遭受灾难，损害更加严重。 用 可做谓语、定语，含贬义。 例 • 老张前不久丢了工作，雪上加霜的是，他的父亲得了一场大病。 • 他昨天刚弄丢了护照，现在又发现手机不见了，真是雪上加霜。
10	峰回路转	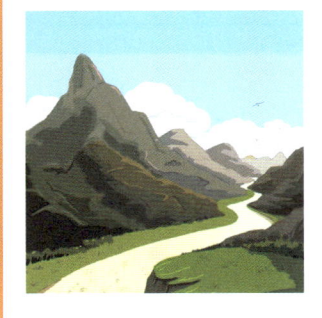	义 回：曲折环绕。形容山峰、道路曲折环绕。有时也比喻经过挫折后出现转机。 用 可做谓语、定语。 例 • 大山里峰回路转，一不小心就会迷路。 • 即使面对困难，我们也要满怀信心，期待着峰回路转的那一天。
11	川流不息	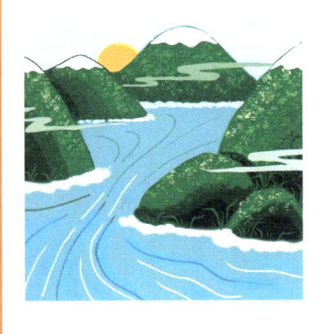	义 川：河流；息：停止。形容行人、车马等像水流一样连续不断。 用 可做谓语、定语、状语。 例 • 每到节假日，马路上的车辆和行人总是川流不息。 • 妈妈看着眼前川流不息的车辆，叮嘱小明说："过马路时一定要小心。"
12	水落石出		义 出：露出来。水落下去，石头就露出来，比喻知道了事情的真实情况。 用 可做谓语、补语。 例 • 为了大家的安全，你必须把这次事故发生的原因查个水落石出。 • 有了DNA检测、指纹检测、人脸识别等科技手段，很多陈年旧案得以水落石出。

13	自然而然	义 然：这样。不经外力作用而如此。 用 可做状语。 例 • 我们长期在一起工作，自然而然地建立了深厚的友谊。 • 开学典礼结束后，家长们聚在一起，自然而然地谈起了孩子。
14	顺其自然	义 顺着事物本来的性质自然发展。 用 可做谓语。 例 • 爱情是可遇而不可求的，不必过于心急，还是顺其自然吧。 • 有些事情既然无法改变，就不如顺其自然。
15	原汁原味	义 食物原有的汤汁和味道，比喻事物本来的、没有受到外来影响的特点等。 用 可做宾语、定语。 例 • 清蒸鱼是一道美味的家常菜，清蒸的做法能在最大程度上保留鱼的原汁原味。 • 这部作品可以让儿童在精彩的故事中感知原汁原味的中国传统文化。
16	土生土长	义 在当地出生，在当地长大。 用 可做谓语、定语。 例 • 她在这里土生土长，对这里的一切都非常熟悉。 • 他是当地土生土长的干部，对人民的生活非常关心。

3 练 习

一、根据意思写出成语

1. 形容山峰、道路曲折环绕。有时也比喻经过挫折后出现转机。
2. 顺着事物本来的性质自然发展。
3. 食物原有的汤汁和味道，比喻事物本来的、没有受到外来影响的特点等。
4. 水落下去，石头就露出来，比喻知道了事情的真实情况。
5. 每天每月都有新的变化，形容发展、进步很快。
6. 不经外力作用而如此。
7. 在当地出生，在当地长大。
8. 形容行人、车马等像水流一样连续不断。
9. 比喻经历过的各种艰难困苦。
10. ① 形容声音特别响亮。② 形容声势浩大或事业伟大。

二、选出画线字在成语中的意思

1. 翻天<u>覆</u>地（　　）
   A. 翻过来　　　B. 盖住　　　C. 反复

2. <u>川</u>流不息（　　）
   A. 河流　　　B. 平地　　　C. 四川

3. 开天<u>辟</u>地（　　）
   A. 排除　　　B. 开辟　　　C. 精辟

4. 日新月<u>异</u>（　　）
   A. 分开　　　B. 别的　　　C. 变化

5. 惊天<u>动</u>地（　　）
   A. 动作　　　B. 使用　　　C. 使震动

6. 暴风骤雨（　　）

　　A. 快跑　　　　　　B. 聚在一起　　　　　C. 急速的

三、选择合适的成语填空

（一） A. 暴风骤雨　B. 川流不息　C. 翻天覆地　D. 惊天动地　E. 原汁原味　F. 风风雨雨

1. 他不想做什么（　　）的大事，只想平静地过日子。
2. 夏天，一场（　　）过后，天空中常常会出现一道美丽的彩虹。
3. 经历了几百年的（　　），这座古老的石桥依然挺立在河面上。
4. 国庆节期间，来故宫参观的游客（　　）。
5. 有些人不喜欢复杂的烹饪方式，他们更希望能保留食物的（　　）。
6. 外出打工这几年，我的家乡发生了（　　）的变化。
7. 这座老式建筑保留了（　　）的老上海风情。
8. 这场台风（　　），让整座城市陷入了恐慌。
9. 婚姻生活中，夫妻二人不仅要分享欢乐的幸福时光，也要共同面对生活中的（　　）。
10. 窗外的（　　）没有影响大家学习的热情，同学们读课文的声音仿佛比雷声还大。
11. 手机使我们的工作、学习、生活各个方面都出现了（　　）的变化。
12. 在大城市里，大街上车辆行人（　　），一派繁忙的景象。

（二） A. 顺其自然　B. 雪上加霜　C. 土生土长　D. 水落石出　E. 开天辟地

1. 既然谁都改变不了这件事的结果，我们就（　　）吧。
2. 1978年开始的改革开放是一件（　　）的大事，给中国带来了巨大的变化。
3. 这件事非常奇怪，他决心要把真实情况弄个（　　）。
4. （　　）的是，左边的车灯还没修好，右边的车灯又坏了。
5. 他是（　　）的当地人，对那里的风土人情十分了解。
6. 我们尝试了这么多次都失败了，与其天天焦虑，不如（　　）吧。
7. 经过反复调查，这次珠宝丢失事件终于（　　）了。

8. 奶奶是（　　）的农村人，刚来城市生活感到很不适应。

9. 我们如今能过上幸福安稳的生活，要感谢过去那些（　　）的伟人。

10. 他刚丢了工作，（　　）的是，妻子也离开了他。

（三）A. 风和日丽　B. 日新月异　C. 自然而然　D. 峰回路转　E. 呼风唤雨

1. 在一个（　　）的下午，老师带着同学们去植物园春游。

2. 这个公园面积很大，在每个（　　）之处，人们都能看见不一样的景色。

3. 因为他很熟悉这座庄园，所以我（　　）地把他当成了庄园的主人。

4. 科技的发展（　　），给人们的生活带来了很多便利。

5. 现代科学技术已经具备了（　　）的能力，人工降雨就是一个例证。

6. 三国时期的诸葛亮足智多谋，甚至有（　　）的本事。

7. 这部电影的情节（　　），牢牢吸引了观众的目光。

8. 当今社会（　　），我们只有紧跟时代步伐，才不会被社会淘汰。

9. 今天早上出门的时候还（　　），但是下午就开始下起雨来。

10. 这是晚会最后一个歌舞节目，乐曲节奏感很强，观众们都（　　）地跟着音乐舞动起来。

四、根据对话情景，用所给成语造句，将对话补充完整

1. 雪上加霜

对话情景：周末的晚上，小明邀请小丽来家里吃晚饭。吃完饭后，两人坐在沙发上看电视里的新闻。

对话人物：小明和小丽

对话地点：小明家的客厅

对话内容：

小明：电视上正在播报什么新闻啊？

小丽：电视上说，近两年经济形势不好，很多企业为了解决资金短缺的问题，正在大量裁员呢！

小明：本来毕业生找工作竞争就很激烈，现在工作岗位又少了，_____。

小丽：是啊，现在大学毕业生要找到一份好工作真是太难了！

2. 风和日丽

对话情景：今天是假期，李琳和晓东约好了一起去郊外散步。

对话人物：李琳和晓东

对话地点：郊外公园

对话内容：

李琳：_____，真让人心情愉悦！

晓东：是啊，阳光明媚，微风轻拂，正适合咱们出来散散步。

李琳：晓东，你看，这花坛里的花开得真美！

晓东：要不咱们放风筝吧，我刚好带了。

李琳：好啊！

3. 日新月异

对话情景：小明和小红参观科技展览馆，看到了很多新推出的高科技产品。

对话人物：小明和小红

对话地点：科技展览馆

对话内容：

小明：哇，_____，每次来都有不一样的惊喜！

小红：是呀，你看这些智能家电产品，现在已经更新到第五代了，外观和性能都有了很大的提升。

小明：上周我爸爸刚给家里安装了智能门锁，可以远程控制，以后再也不用担心忘带钥匙了。

小红：真不错！等我回家告诉我妈妈，让她也了解一下。

4. 顺其自然

对话情景： 小罗刚换了一份新工作，还不太适应，心情有些郁闷。周末他和朋友小马在公园里聊天儿。

对话人物： 小罗和小马

对话地点： 公园

对话内容：

小罗：新接手的工作比较复杂，很多事情我还不太清楚该怎么处理，最近感到压力好大啊。

小马：新工作嘛，总有个学习和适应的过程，别着急。

小罗：但是我担心自己会给领导留下能力不行的坏印象。

小马：有时候越紧张越容易出错，＿＿＿＿＿＿＿＿＿＿＿＿。

小罗：嗯，你说得对，也许我真的应该放松一点儿。

5. 水落石出

对话情景： 小张和小李在一起聊天儿，内容是这几天公司正在调查是谁泄露了商业机密。

对话人物： 小张和小李

对话地点： 公司休息室

对话内容：

小张：嘿！小李，你知道是谁泄露了咱们公司的机密吗？

小李：不知道啊，怎么了？什么情况？快跟我详细说说。

小张：你还记得我和你说过的那个要离职的公司高层管理人员小杰吗？

小李：记得，好像是内部调查出了问题，现在被炒鱿鱼了。

小张：对，就是他！公司调查了他的银行账户，发现里面有一大笔来历不明的收入。

小李：_____。

小张：是啊，刚开始就怀疑是他，可没有证据，现在真相终于浮出水面了。

扫码看答案

第二课 2

1 生词表

1	奇花异草	qíhuā-yìcǎo	exotic flowers and rare herbs
2	欣欣向荣	xīnxīn-xiàngróng	thriving
3	万古长青	wàngǔ-chángqīng	everlasting
4	斩草除根	zhǎncǎo-chúgēn	cut the weeds and dig up the roots—remove the source of trouble
5	天长地久	tiāncháng-dìjiǔ	everlasting and unchanging
6	经久不息	jīngjiǔ-bùxī	prolonged
7	日复一日	rìfùyírì	day in and day out

8	自始至终	zìshǐ-zhìzhōng	from beginning to end
9	断断续续	duànduànxùxù	off and on
10	有朝一日	yǒuzhāo-yírì	some day in the future
11	迄今为止	qìjīn-wéizhǐ	so far
12	争分夺秒	zhēngfēn-duómiǎo	race/work against time
13	可乘之机	kěchéngzhījī	an opportunity that can be exploited to one's advantage
14	摇摇欲坠	yáoyáo-yùzhuì	on the verge of collapse
15	千钧一发	qiānjūn-yífà	in an extremely precarious situation

2 成语释义及例句

1	奇花异草	义 异：奇异，独特。奇异的花草。 用 可做主语、宾语。 例 • 这里的气候十分温暖，生长着许多热带的奇花异草。 • 真正的奇花异草大部分生长在大山深处，人们平时很少能见到。
2	欣欣向荣	义 荣：茂盛。形容草木茂盛，也形容事业发展得越来越好。 用 可做谓语、定语。 例 • 春天来了，到处都是欣欣向荣的景象。 • 这座新兴城市经济发展很快，人们生活幸福，一切都欣欣向荣。
3	万古长青	义 万古：千秋万代；青：绿色。永远像春天的草木一样欣欣向荣。 用 可做谓语、定语。 例 • 为了抢救落水儿童，这个年轻人献出了自己的生命，他的精神万古长青。 • 愿我们两国人民的友谊天长地久、万古长青！
4	斩草除根	义 除：去掉。除草时要连根去掉，使草不能再长。比喻彻底去掉祸根，不留后患。 用 可做谓语、宾语。 例 • 打击网络诈骗一定要斩草除根，否则将来还会有人上当受骗。 • 对于反动势力绝不能手软，一定要做到斩草除根。

5	天长地久		义 跟天和地存在的时间一样长,形容永久不变(多指爱情)。 用 可做谓语、定语,含褒义。 例 • 愿我们的友谊天长地久! • 谁不渴望拥有天长地久的爱情呢?
6	经久不息		义 息:停止。长时间不停止,多用于形容掌声、欢呼声等。 用 可做谓语、定语、状语。 例 • 王明这次的演出非常成功,表演结束后,他获得了经久不息的掌声。 • 这场足球比赛太精彩了!观众席上的呼喊声经久不息。
7	日复一日		义 复:再,又。过了一天又一天,形容日子久、时间长,也形容时间白白地过去。 用 可做状语。 例 • 日复一日,平平淡淡,就这样过一辈子也挺好的。 • 日复一日地盯着电脑屏幕可能会导致近视。
8	自始至终		义 至:到;终:结束。从开始到结束。 用 可做状语、定语。 例 • 在最近几场男子1000米比赛中,李明自始至终都是第一名。 • 没有父母自始至终的支持,我不可能取得今天这样的成绩。

第二课 2

9	断断续续		义 断：中断；续：继续。时而中断，时而继续。 用 可做状语、谓语。 例 • 这六年来，马克一直在断断续续地学习汉语。 • 这条山路断断续续的，一眼望不到头。
10	有朝一日		义 将来有一天。 用 可做状语。 例 • 我希望有朝一日能去国外读书，看看不同的风景，认识更多有趣的朋友。 • 我相信，只要不断努力，有朝一日我们一定会过上理想的生活。
11	迄今为止		义 迄：到；今：目前。到现在为止。 用 可做状语。 例 • 她是一名优秀的短跑运动员，迄今为止还没有人能打破她保持的纪录。 • 他的研究已经进行了三个月了，不过迄今为止，还没获得什么有价值的发现。
12	争分夺秒		义 不放过一分一秒，形容对时间抓得很紧。 用 可做谓语、状语，含褒义。 例 • 临近高考，小明在学习上争分夺秒，一分一秒都不想浪费。 • 医务人员正在争分夺秒地抢救受伤人员。

13	可乘之机		义 乘：利用。可以利用的机会。 用 可做宾语。 例 • 只要我们加强合作，对手就不会有可乘之机。 • 在人多的地方，我们要加强防范意识，不给小偷可乘之机。
14	摇摇欲坠		义 欲：将要，马上；坠：掉下来。形容非常危险，很快就要掉下来或垮下来。 用 可做谓语、定语、状语。 例 • 这座老旧建筑由于年久失修，已经摇摇欲坠了。 • 路边的一棵棵小树在台风中摇摇欲坠。
15	千钧一发		义 钧：古代重量单位，一钧等于三十斤。千钧的重量系在一根头发上，形容事态极其危险。 用 可做谓语、定语。 例 • 篮球赛马上就要结束了，在这千钧一发之际，小强投进一个三分球，帮助球队取得了最终的胜利。 • 在千钧一发的危急时刻，李明挺身而出，保护了他人的生命。

第二课 2

3 练 习

一、根据意思写出成语

1. 长时间不停止，多用于形容掌声、欢呼声等。
2. 跟天和地存在的时间一样长，形容永久不变（多指爱情）。
3. 到现在为止。
4. 可以利用的机会。
5. 奇异的花草。
6. 过了一天又一天，形容日子久、时间长，也形容时间白白地过去。
7. 将来有一天。
8. 从开始到结束。
9. 时而中断，时而继续。

二、选出画线字在成语中的意思

1. 迄今为止（　　）
   A. 到　　　　B. 始终　　　　C. 到现在

2. 经久不息（　　）
   A. 休息　　　B. 停止　　　　C. 呼出的气

3. 可乘之机（　　）
   A. 利用　　　B. 乘坐　　　　C. 借助工具

4. 自始至终（　　）
   A. 终于　　　B. 死亡　　　　C. 结束

5. 摇摇欲坠（　　）
   A. 掉下来　　B. 往下垂　　　C. 一种装饰品

6. 欣欣向荣（　　）
   A. 荣誉　　　B. 使光荣　　　C. 茂盛

三、选择合适的成语填空

（一） A.奇花异草　B.断断续续　C.欣欣向荣　D.有朝一日　E.万古长青

1. 这位烈士舍己救人，他的精神（　　）。
2. 妈妈不仅喜欢百合、玫瑰这些常见的花，还尤其喜欢那些（　　）。
3. 春天来了，校园里到处（　　），同学们都来到室外活动。
4. 我从姐姐（　　）的话中得知，她最近遇到了不少麻烦。
5. 他是我最喜欢的歌手，我的梦想就是（　　）能和他站在同一个舞台上一起表演。
6. 愿世界各民族之间友好团结，友谊（　　）！
7. 植物园里有来自世界各地的（　　），吸引了很多游客前来观赏。
8. 一场春雨过后，大地焕然一新，（　　）。
9. 他平时不愿意读书，但天天想着（　　）能写出好文章来。
10. 大雪（　　）地下了一夜，整座城市都变成了白色的世界，十分美丽。

（二） A.斩草除根　B.迄今为止　C.天长地久　D.争分夺秒　E.经久不息

1. 虽然已经离交战区很远了，但大家仍能听到那边（　　）的炮声。
2. 他受伤十分严重，医生们正在（　　）地抢救他的生命。
3. 歌声刚落，台下就响起了暴风雨般的掌声，（　　）。
4. 上中学时，我曾经当着很多人的面从台阶上滚下来，这是（　　）发生在我身上的最尴尬的事情。
5. 对自己身上的坏毛病要（　　），否则会对我们的成长产生不利的影响。
6. 只有相互尊重，相互理解，友谊才能（　　）。
7. （　　），这本书已经销售了50万册。
8. 只有将犯罪集团（　　），社会才能长治久安。
9. 祝你们的爱情甜甜蜜蜜，（　　）！
10. 医学专家正在（　　）地寻找这场疫情暴发的源头。

（三）A. 可乘之机　B. 日复一日　C. 摇摇欲坠　D. 自始至终　E. 千钧一发

1. 这项活动进行了两个小时，我们（　　　）都得站着，特别辛苦。

2. 在比赛的（　　　）之际，他拼尽全力，终于取得了胜利。

3. 为安全起见，这座（　　　）的吊桥已经禁止通行。

4. 就是因为这位老奶奶太善良了，才让骗子有了（　　　）。

5. 太阳（　　　）地重复着东升西落的运动。

6. 他的发言一点儿都不流利，还说错了几个词，所以（　　　）都没有一位观众鼓掌。

7. 在那个（　　　）的时刻，一名路人奋不顾身地跳进河里，救起了落水儿童。

8. 今天刮了一场大风，连大楼上的广告牌都被吹得（　　　），太吓人了！

9. （　　　）地加班，他的身体有些吃不消了。

10. 这个项目我们一定要做好，不让竞争对手有（　　　）。

四、根据对话情景，用所给成语造句，将对话补充完整

1. 争分夺秒

对话情景：今天是完成任务的最后期限，小明和小红在办公室里讨论如何尽快把文件提交给主任。

对话人物：小明和小红

对话地点：公司办公室

对话内容：

小明：今天就是截止日期了，＿＿＿＿＿＿＿＿＿＿＿＿＿＿＿＿。

小红：是啊，我们得早点儿提交，这样有什么不足之处主任也可以给我们提提意见。

小明：没错！时间真的很紧迫。你两点以后有事吗？如果没有的话，咱们一起装订文件吧。

小红：好的，没问题！

2. 有朝一日

对话情景：语文课上，老师让同学们和自己的小组成员聊聊梦想。

对话人物：小刚和小强

对话地点：语文课堂

对话内容：

小刚：小强，你有梦想吗？你的梦想是什么呀？

小强：当然有！＿＿＿＿＿＿＿＿＿＿＿＿＿＿＿。

小刚：哇，听起来很厉害！你为什么喜欢绘画呢？

小强：我觉得绘画可以充分表达我的想法和情感。那你的梦想是什么呢？

小刚：＿＿＿＿＿＿＿＿＿＿＿＿＿＿＿，因为我喜欢探索未知的世界。

3. 日复一日

对话情景：周五下班后，晓燕和李雷讨论起自己的日常工作和生活来。

对话人物：晓燕和李雷

对话地点：咖啡馆

对话内容：

晓燕：李雷，你觉得我们每天的工作和生活单调吗？

李雷：嗯，＿＿＿＿＿＿＿＿＿＿＿＿＿＿＿。

晓燕：我想了想，以后咱们周末一起去打羽毛球吧。我们应该培养点儿兴趣爱好，这样既可以锻炼身体，又可以丰富生活。

李雷：好主意，我觉得不错。

4. 断断续续

对话情景：公司年底要考核，小丽一直忙个不停，忽略了好友小红，为此小红有些不开心。今天两人在公司楼下的咖啡馆聊天儿。

对话人物：小丽和小红

第二课 2

对话地点：咖啡馆

对话内容：

小红：小丽，你最近是不是很忙？_____。

小丽：是啊，这两周公司要年底考核了，我一直在加班，都没时间跟你联系。

小红：原来是这样啊。就算再忙也要注意休息，身体才是最重要的！

小丽：等我忙完这阵子，咱们去逛逛街、看看电影吧，或者找其他朋友聚一下。

小红：好啊！

5. 自始至终

对话情景：课间，李琳和晓东讨论起了好朋友李华。他们认为李华在学习上一直都很刻苦，立志以后要向他看齐。

对话人物：李琳和晓东

对话地点：教室

对话内容：

李琳：晓东，你知道吗？_____，每次下课我都看见他在座位上预习下节课的内容。

晓东：是啊，而且他上课听讲也非常认真，怪不得每次都考第一名。

李琳：看来以后我得向他学习，不能三心二意。

晓东：没错！咱们一起加油，争取下次期末考试都能有进步。

扫码看答案

3 第三课

1 生词表

1	千家万户	qiānjiā-wànhù	numerous households
2	家家户户	jiājiāhùhù	each and every family
3	挨家挨户	āijiā-āihù	from door to door
4	大街小巷	dàjiē-xiǎoxiàng	streets and lanes
5	成群结队	chéngqún-jiéduì	gather in groups
6	四面八方	sìmiàn-bāfāng	from all sides
7	千军万马	qiānjūn-wànmǎ	thousands upon thousands of men and horses—a mighty force

8	五颜六色	wǔyán-liùsè	of various colours
9	丰富多彩	fēngfù-duōcǎi	rich and varied
10	五花八门	wǔhuā-bāmén	of a wide variety
11	各式各样	gèshì-gèyàng	all kinds of
12	形形色色	xíngxíngsèsè	all sorts of
13	比比皆是	bǐbǐ-jiēshì	be great in number
14	成千上万	chéngqiān-shàngwàn	thousands upon thousands (of)

国际中文教育中文水平等级标准　成语学习手册

2 成语释义及例句

1	千家万户		义 户：人家，住户。指众多人家。 用 可做主语、宾语、定语。 例 • 天黑了，千家万户都亮起了灯。 • 今天，电脑已经普及到千家万户了，这在几十年前是难以想象的事情。
2	家家户户		义 每家每户，各家各户。 用 可做主语、宾语、定语。 例 • 今天天气晴朗，家家户户都出来游玩。 • 中秋节是家家户户团圆的节日，这一天人们通常会回家过节。
3	挨家挨户		义 一家接一家地（做某事），表示一家也不漏掉。 用 可做状语。 例 • 小区的物业人员最近一直在挨家挨户地发放消防安全手册。 • 他挨家挨户地上门推销这款新产品。
4	大街小巷		义 巷：胡同。大大小小的街道和胡同，泛指城里的各处地方。 用 可做主语、宾语、定语。 例 • 古城的大街小巷灯火通明，到处洋溢着喜庆的节日气氛。 • 她养的小狗走丢了，她找遍了附近的大街小巷，但还是没有找到。

第三课 3

5	成群结队		义 成、结：结成，形成。指许多人或动物聚集到一起，形成了队伍。 用 可做状语、定语。 例 • 春天来了，班上的小朋友成群结队地去野外郊游。 • 大雁成群结队地飞往南方过冬。
6	四面八方		义 泛指周围各地或各个方面。 用 可做定语、宾语。 例 • 凉爽的风从四面八方吹来，让出来郊游的人们感觉非常舒适。 • 当上总经理后，他感受到了来自四面八方的压力。
7	千军万马		义 形容众多的兵马或浩大的声势。 用 可做宾语、定语、状语。 例 • 在一望无际的战场上，将军带领着千军万马与敌人对战。 • 强烈的台风如千军万马般袭来，给人们带来了严重的灾难。
8	五颜六色		义 指各种颜色。 用 可做谓语、定语。 例 • 草地上的野花五颜六色的，漂亮极了。 • 这次展览展示了五颜六色的宝石，看得人眼花缭乱。

27

9	丰富多彩	义 彩：色彩。内容丰富，种类多样。 用 可做谓语、定语，含褒义。 例 • 学校为我们提供了丰富多彩的课外活动，有游泳、跑步、打羽毛球等等。 • 这场晚会的节目丰富多彩，观众都感到十分满意。
10	五花八门	义 形容花样繁多或变化多端。 用 可做谓语、定语。 例 • 网络上的游戏真是五花八门，孩子一不小心就容易沉迷其中。 • 这个大超市里五花八门的商品让人看花了眼。
11	各式各样	义 许多不同的式样或方式。 用 可做谓语、定语。 例 • 这家服装店里的衣服各式各样，十分好看。 • 这家餐厅有各式各样的菜肴，能满足不同口味顾客的需求。
12	形形色色	义 指人或事物各种各样。 用 可做谓语、定语。 例 • 这个博物馆珍藏着形形色色的瓷器，吸引了很多人前来参观。 • 老田走南闯北几十年，与形形色色的人打过交道。

第三课 3

| 13 | 比比皆是 | | 义 比比：到处。到处都是，形容非常多。
用 可做谓语。
例 • 低碳时代，骑自行车上班的人比比皆是。
• 就业是当今社会的一大难题，大学毕业找不到工作的人比比皆是。 |

| 14 | 成千上万 | | 义 成、上：达到。形容数量非常多。
用 可做谓语、定语。
例 • 俗话说："不到长城非好汉。"每天都有成千上万的游客登上长城。
• 人生路上的选择成千上万，我们在每次做出重要选择时都要深思熟虑。 |

29

3 练习

一、根据意思写出成语

1. 大大小小的街道和胡同，泛指城里的各处地方。
2. 指许多人或动物聚集到一起，形成了队伍。
3. 形容众多的兵马或浩大的声势。
4. 内容丰富，种类多样。
5. 到处都是，形容非常多。
6. 形容数量非常多。
7. 指人或事物各种各样。
8. 每家每户，各家各户。

二、选出画线字在成语中的意思

1. <u>成</u>群结队（   ）
   A. 结成，形成　　B. 成功　　C. 成就

2. 成千<u>上</u>万（   ）
   A. 上面　　B. 上去　　C. 达到

3. <u>比</u>比皆是（   ）
   A. 比较　　B. 比画　　C. 到处

4. 大街小<u>巷</u>（   ）
   A. 胡同　　B. 大马路　　C. 住宅

三、选择合适的成语填空

（一）A. 千家万户　　B. 五花八门　　C. 挨家挨户　　D. 大街小巷　　E. 成群结队

1. 志愿者（   ）地宣传垃圾分类的好处。
2. 这次政府出台新的住房政策，满足了（   ）对住房多样化的需求。

第三课 3

3. 要下雨的时候，蜻蜓（　　　）地在低空飞行，像一架架轻盈的小飞机。

4. 小李走遍了这座城市的（　　　），终于找到了一家满意的饭店。

5. 村子里的医生（　　　）地上门给老人看病，省去了老人去医院的麻烦。

6. 除夕前后，（　　　）都挂起了红色的灯笼，迎接新年的到来。

7. 杏花开了，（　　　）的蜜蜂在花丛中飞上飞下。

8. 超市里的东西（　　　），应有尽有。

9. 虽然距离春节还有一个月，但（　　　）早已洋溢着节日的欢乐气氛。

10. 他每次迟到都能找到借口，上次说自己病了，这次说路上堵车，简直（　　　）。

（二）A. 四面八方　B. 千军万马　C. 各式各样　D. 丰富多彩　E. 家家户户

1. 高考如同（　　　）过独木桥，只有特别努力的人才能考上理想的大学。

2. 小商品交易会上的新产品（　　　），小李想把它们都买回家。

3. 消息传得很快，社区里的人们从（　　　）赶过来帮忙。

4. 这家服装店很大，里边的衣服（　　　），你一定能买到自己喜欢的那一件。

5. 如今村里人有钱了，（　　　）都盖起了新房子。

6. 自从小明去公司上班之后，他的社交生活就变得（　　　）起来。

7. （　　　）在战场上厮杀，场面十分震撼。

8. 那天晚上，人们从（　　　）聚集到广场上，庆祝申奥成功。

9. 傍晚，太阳慢慢落下，（　　　）都开始准备做晚饭了。

10. 烟花的形状（　　　），有的像星星，有的像花朵，还有的像大苹果。

（三）A. 五颜六色　B. 形形色色　C. 比比皆是　D. 成千上万

1. 这里是市中心，写字楼、商场、宾馆、饭店（　　　）。

2. 直到今天，仍然有（　　　）的人过着挨饿受冻的痛苦生活。

3. 虽然每天遇到的顾客（　　　），但她总有办法让每位顾客都满意。

4. 家具店里这种样式的沙发（　　　），你不要着急买，货比三家才不吃亏。

5. 电视里（　　　）的广告刺激着人们的消费欲望。

6. 到了晚上，街道上的灯亮了，（　　　）的，真好看。

7. 这里是远近闻名的苹果之乡，一到秋天，（　　　）筐苹果就会被运往全国各地。

8. 我最喜欢北京的春天，因为到处都是（　　　）的花儿。

四、根据对话情景，用所给成语造句，将对话补充完整

1. 各式各样

对话情景：小红和小丽正在逛商场，她们想买件新衣服参加下周的同学聚会。

对话人物：小红和小丽

对话地点：商场

对话内容：

小红：小丽，你看这件衣服我穿怎么样？

小丽：很好看！＿＿＿＿＿＿＿＿＿＿，尤其是这件收腰的，特别适合你！

小红：你也试试吧，那条白色的连衣裙看起来就不错。

小丽：好，我去试试。

2. 挨家挨户

对话情景：小明打听到自己失散多年的表哥住在这个小区，便向门卫老王打听具体情况。

对话人物：小明和老王

对话地点：小区门卫室

对话内容：

小明：请问，你认识照片上这个人吗？他是我失散多年的表哥。

老王：哦，好像见过。他是住在这个小区，但具体的门牌号我就不太清楚了。

小明：那我该怎么找到他呢？我真的很想见到他。

老王：没关系，＿＿＿＿＿＿＿＿＿＿＿＿＿。

3. 五颜六色

对话情景：小明和小芳准备参加一个彩虹主题的派对，两人正在商量如何打扮自己。

对话人物：小明和小芳

对话地点：小芳家

对话内容：

小明：小芳，_____，适合去彩虹派对吗？

小芳：当然适合啦！你看你，简直就是一道行走的彩虹！

小明：哈哈哈，谢谢夸奖！你的穿搭也很有创意呢！这个彩虹头饰是新买的吗？

小芳：是的，我昨天去商场买的，正好和咱们这个主题相关。

小明：真不错！时间快到了，我们出发吧！

小芳：走！

4. 丰富多彩

对话情景：小李和小张正在画室里画画儿。

对话人物：小李和小张

对话地点：画室

对话内容：

小李：_____！我不知道该用哪些颜色来画风景画。

小张：那你想要画什么色调的呢？

小李：色调的话，我想呈现一个明亮、欢快的场景，是不是应该用一些鲜艳的颜色？

小张：你可以选择橙色、绿色、蓝色，这些都挺适合的。

小李：好，那我试试。

5. 大街小巷

对话情景：周末，小张和小晨来北京"一日游"，第一站他们选择了南锣鼓巷。

对话人物：小张和小晨

对话地点：北京南锣鼓巷

对话内容：

小张：北京人好多啊！＿＿＿＿＿＿＿＿＿＿＿＿。我们去吃点儿什么？

小晨：来北京当然要吃炸酱面啦！

小张：我听说这里有家网红店，每天都有很多人排队，味道应该不错，要不要去看看？

小晨：好啊，反正来都来了，我们就去排队尝一下吧。

扫码看答案

第四课 4

1 生词表

1	络绎不绝	luòyì-bùjué	in an endless stream
2	源源不断	yuányuán-búduàn	continuously
3	层出不穷	céngchū-bùqióng	emerge in an endless stream
4	供不应求	gōngbúyìngqiú	demand exceeds supply
5	接二连三	jiē'èr-liánsān	one after another
6	三番五次	sānfān-wǔcì	again and again
7	没完没了	méiwán-méiliǎo	endless

8	寥寥无几	liáoliáo-wújǐ	very few
9	诸如此类	zhūrú-cǐlèi	and such like
10	酸甜苦辣	suān-tián-kǔ-là	sour, sweet, bitter, and hot—joys and sorrows of life
11	古今中外	gǔjīn-zhōngwài	at all times and in all countries
12	衣食住行	yī-shí-zhù-xíng	food, clothing, shelter and means of travel—basic necessities of life
13	吃喝玩乐	chī-hē-wán-lè	eat, drink and be merry—idle away one's time in pleasure-seeking
14	悲欢离合	bēihuān-líhé	joys and sorrows, partings and reunions—vicissitudes of life
15	喜怒哀乐	xǐ-nù-āi-lè	feelings of pleasure, anger, sorrow, and joy

2 成语释义及例句

1	络绎不绝		义 络绎：前后相接，连续不断；绝：断。（人、马、车、船等）来来往往，连续不断。 用 可做谓语、定语、状语。 例 • 一到下班时间，大街上的行人和车辆就络绎不绝。 • 篮球比赛那天，人们络绎不绝地从四面八方赶来，给自己喜欢的球队加油。
2	源源不断		义 源源：连续不断的样子。形容接连不断。 用 可做状语、定语、谓语。 例 • 山上融化的雪水正源源不断地流入山下的小河里。 • 春节就要到了，大量节日用品正源源不断地运往各地，以满足人们的消费需求。
3	层出不穷		义 层出：接连出现；穷：穷尽。接连不断地出现，没有穷尽。 用 可做谓语、定语。 例 • 层出不穷的问题使我们一直面临着巨大的挑战。 • 这些年网上的假新闻层出不穷，我们要学会辨别。
4	供不应求		义 应：满足。供应的东西不能满足需求，形容某种事物需求量很大，但供应不足。 用 可做谓语、定语。 例 • 这款手机一上市就出现了供不应求的情况。 • 这家工厂的产品远销海外，受到了各国消费者的喜爱，常常供不应求。

5	接二连三	义	一个接着一个，形容接连不断。
		用	可做定语、状语。
		例	• 比赛时接二连三的失误使他越来越紧张，最后没能取得好成绩。
			• 项目接二连三地出现问题，经理感到很头痛。
6	三番五次	义	番：次，回。表示一再、多次。
		用	可做状语。
		例	• 小明三番五次地把球踢到邻居家的窗户上，遭到了父亲的严厉批评。
			• 尽管父母三番五次地劝说小李不要那样做，但他依旧坚持自己的想法。
7	没完没了	义	表示该结束而不结束，无穷尽。
		用	可做谓语、定语、状语，多含贬义。
		例	• 李军正处于青春期，对妈妈没完没了的唠叨非常反感。
			• 无论是在学习中还是工作中，千万不要没完没了地抱怨，因为这解决不了问题。
8	寥寥无几	义	寥寥：非常少；无几：没有几个。形容数量很少，没有几个。
		用	可做谓语、补语。
		例	• 一场大风过后，树上的叶子被吹得寥寥无几。
			• 这门课实在太难了，坚持下来的学生寥寥无几。

9	诸如此类		义 与此相似的种种事物。 用 可做谓语、定语。 例 • 老师上课用图片的形式为我们列举了很多种鱼：鲤鱼、金鱼、龙利鱼，诸如此类。 • 电灯、蒸汽机、计算机……诸如此类的科学发明大大提高了劳动生产率。
10	酸甜苦辣		义 泛指各种味道，也比喻幸福、痛苦等种种遭遇。 用 可做主语、宾语。 例 • 生活就像一道菜，包含着酸甜苦辣各种滋味。 • 尝尝人生的酸甜苦辣，可以使我们对生活的理解更加深刻。
11	古今中外		义 总括时间（过去、现在）和空间（国内、国外），形容不受时间和地理限制。 用 可做定语、状语。 例 • 通过对比古今中外的建筑和服饰，我们可以深刻体会到社会的发展变化。 • 这个人学识丰富，通晓古今中外的知识。
12	衣食住行		义 穿衣、吃饭、居住、行路，指生活上的基本需要。 用 可做主语、宾语、定语。 例 • 衣食住行是人们最基本的生活需求。 • 中国是一个多民族国家，许多民族的衣食住行都保持着自己独特的风俗习惯。

13	吃喝玩乐		义 吃吃喝喝，玩耍享乐，泛指一味追求物质享受。 用 可做谓语、定语、宾语。 例 • 城里的一些孩子每天吃喝玩乐，衣食无忧，很难体会到农民的辛苦。 • 有的年轻人只知道吃喝玩乐，半点儿事业心都没有。
14	悲欢离合		义 悲伤和欢乐，离散与团聚，泛指人生的各种遭遇。 用 可做宾语、定语。 例 • 只有经历过人世间的悲欢离合，才能更加懂得人生的意义。 • 这部电视剧讲述了张家、王家两代人悲欢离合的故事。
15	喜怒哀乐	 	义 喜悦、愤怒、哀伤、快乐，泛指人的各种情绪。 用 可做主语、宾语。 例 • 成长过程中的喜怒哀乐值得我们细细品味。 • 她的作品生动细腻地呈现了人物的喜怒哀乐。

3 练习

一、根据意思写出成语

1. 供应的东西不能满足需求，形容某种事物需求量很大，但供应不足。

2. 接连不断地出现，没有穷尽。

3. 总括时间（过去、现在）和空间（国内、国外），形容不受时间和地理限制。

4. 穿衣、吃饭、居住、行路，指生活上的基本需要。

5. 吃吃喝喝，玩耍享乐，泛指一味追求物质享受。

6. 喜悦、愤怒、哀伤、快乐，泛指人的各种情绪。

7. 表示一再、多次。

8. 一个接着一个，形容接连不断。

9.（人、马、车、船等）来来往往，连续不断。

二、选出画线字在成语中的意思

1. 络绎不<u>绝</u>（　　）

   A. 断　　　　B. 绝对　　　　C. 高超的、独一无二的

2. 供不<u>应</u>求（　　）

   A. 答应　　　B. 应该　　　　C. 满足

3. 三<u>番</u>五次（　　）

   A. 次，回　　B. 倍　　　　　C. 外国或外族

4. <u>源</u>源不断（　　）

   A. 连续不断的样子　B. 水开始的地方　C. 来源

5. 层出不<u>穷</u>（　　）

   A. 没有钱的　B. 极端　　　　C. 穷尽

三、选择合适的成语填空

（一） A. 络绎不绝　B. 没完没了　C. 层出不穷　D. 供不应求　E. 接二连三

1. 双十一购物节的时候，商家打折力度比较大，很多商品都（　　　）。
2. 每到假期，路上的车辆总是（　　　）。
3. 学校开展学雷锋活动以来，好人好事（　　　），同学们都积极地帮助他人。
4. 电影马上就要开始了，观众们（　　　）地走进电影院。
5. 这次展览展出了很多平常只在书本上出现的展品，因此参观的人（　　　）。
6. 情人节快到了，商家准备的鲜花（　　　），一早上就已经卖出了几十束。
7. 他一喝酒，说起话来就（　　　）的，大家都拿他没办法。
8. 现代社会的特点是新事物（　　　），旧事物逐渐被淘汰。
9. （　　　）的失败之后，他虽然没有放弃，但却不再像以前那样自信了。
10. （　　　）的汽车喇叭声仍然是城市里很严重的噪声污染。

（二） A. 三番五次　B. 源源不断　C. 寥寥无几　D. 悲欢离合　E. 酸甜苦辣

1. 这家书店刚开业，知道的人不多，所以来买书的人（　　　）。
2. 我家对面新开了一家餐厅，顾客（　　　），生意非常好。
3. 那件裙子真是太漂亮了！我（　　　）地求妈妈买给我，妈妈终于答应了。
4. 我（　　　）都尝遍了，吃这点儿苦算不了什么，我一定会坚持下去的。
5. 小张最近（　　　）地找各种原因推迟交报告，老板已经对他有意见了。
6. 电影、电视剧中总是充满了人生的（　　　），让观众跟着一起哭、一起笑。
7. 地震发生后，救灾物资被（　　　）地送往灾区。
8. 在短短的一天中，他就品尝到了生活的（　　　）。
9. 冬天到了，树枝上只剩下（　　　）的几片黄叶，好像随时都会飘落下来。
10. 我最近看了一本很有意思的书，讲的是老北京一个戏班子（　　　）的故事。

（三） A. 古今中外　B. 衣食住行　C. 吃喝玩乐　D. 诸如此类　E. 喜怒哀乐

1. （　　　）的无数事实说明：失败乃成功之母，而自信是成功之基。

2.（　　）是人们日常生活的基本内容，其中也包含着很多文化呢。

3. 这几天我和家人、朋友一起（　　），度过了一个开心的假期。

4. 她喜欢伤感的爱情故事、老电影，以及（　　）的东西。

5. 人生路上总有（　　），我们要学会调整好心态。

6.（　　）每一个成功者手中的鲜花，都是他们用汗水和努力换来的。

7. 随着社会经济的不断发展，人们对（　　）各方面的要求也越来越高。

8. 小明一天到晚只知道（　　），从来不把心思放在正事上。

9. 他的脸上十分平静，大家看不出他的（　　）。

10. 她小时候住的房间里全都是旧玩具、旧课本，以及（　　）的东西。

四、根据对话情景，用所给成语造句，将对话补充完整

1. 供不应求

对话情景：小明和小红在一家生意火爆的餐馆里排队，等候用餐。

对话人物：小明和小红

对话地点：餐馆

对话内容：

小明：这家餐馆实在是太火了！＿＿＿＿＿＿＿＿＿＿。

小红：是啊，看来这里的美食非常受欢迎。我们吃点儿什么呢？

小明：来个八珍豆腐吧，我看点评网上说味道不错。你还想吃什么？

小红：我想尝尝糖醋里脊和乾隆白菜。

2. 三番五次

对话情景：小君和小梅正在为英语演讲比赛做准备，小梅总是担心自己做不好，心情很焦虑。

对话人物：小君和小梅

对话地点：教室

对话内容：

小君：这次的演讲比赛真是让我焦虑啊，＿＿＿＿＿＿＿＿＿＿＿＿＿。

小梅：没事儿，小君，演讲比赛对我们来说的确是个挑战，但是你的稿子已经写得非常好了，没有必要再改了。

小君：我总是担心自己的用词不够准确、不够生动，我希望能在比赛中表现出自己最好的状态。

小梅：相信自己，小君！你的实力很强，只要放松心情，一定没问题！

3. 吃喝玩乐

对话情景：小明和小红正在讨论周末干什么，他们想到了一家新开的餐厅，准备去品尝一下。

对话人物：小明和小红

对话地点：公司办公室

对话内容：

小明：小红，周末有什么打算？＿＿＿＿＿＿＿＿＿＿＿＿＿？

小红：我听说市中心新开了一家餐厅，口碑很好，提供多国美食，我们可以去试试。

小明：听起来很不错。我也想尝尝新口味。那我们约个时间一起去吧！

小红：我先看看餐厅的具体位置和预订情况吧。吃完以后，我们还可以去看一场电影。

4. 没完没了

对话情景：受台风影响，沿海地区最近一直在下雨，所以小江和小刘今天不能去公园玩了。

对话人物：小江和小刘

对话地点：小江家

对话内容：

小江：_____，看来我们只能待在家里写作业了。

小刘：是啊，我看天气预报说是因为受到台风的影响，很多地方都在下大雨。

小江：唉，今天不能去公园玩了，本来还和小刚约好一起滑滑板呢。

小刘：还是等一个天气晴朗的周末吧。

5. 接二连三

对话情景：最近一周内有五场考试，大家都在抓紧时间复习。

对话人物：沈兰和韩丽

对话地点：教室

对话内容：

沈兰：韩丽，你的黑眼圈怎么这么重啊？昨天晚上没睡好吗？

韩丽：可不是嘛！_____，我昨天晚上熬夜复习，一直到凌晨一点才睡觉。

沈兰：是啊，最近考试确实有点儿多，但你也不能睡这么晚啊，身体才是最重要的。

韩丽：没事儿，我去冲杯咖啡提提神，等考完了就会按时睡觉的。

扫码看答案

第五课

1 生词表

1	潜移默化	qiányí-mòhuà	influence unconsciously
2	新陈代谢	xīnchén-dàixiè	metabolism; the new superseding the old
3	取而代之	qǔ'érdàizhī	replace
4	耳熟能详	ěrshú-néngxiáng	what is frequently heard can be repeated in detail
5	愈演愈烈	yùyǎn-yùliè	(of a matter, situation, or condition) grow in intensity
6	一成不变	yìchéng-búbiàn	invariable
7	突如其来	tūrú-qílái	arise suddenly

8	扑面而来	pūmiàn-érlái	directly in one's face
9	千变万化	qiānbiàn-wànhuà	ever-changing
10	变幻莫测	biànhuàn-mòcè	unpredictable
11	不翼而飞	búyì'érfēi	(of objects) disappear without trace; spread fast as if on wings
12	忽高忽低	hūgāo-hūdī	now high, now low
13	翻来覆去	fānlái-fùqù	toss and turn; repeatedly
14	此起彼伏	cǐqǐ-bǐfú	rise one after another
15	面目全非	miànmù-quánfēi	be changed beyond recognition
16	化险为夷	huàxiǎnwéiyí	turn danger into safety

2 成语释义及例句

1	潜移默化	 义 潜：隐藏，不露在表面。指人的思想、性格在不知不觉中受到感染、影响而发生变化。 用 可做状语、定语。 例 • 父母的言行举止会在潜移默化中影响孩子。 • 文艺作品对读者的影响是潜移默化的。
2	新陈代谢	 义 谢：凋谢，衰亡。①生物吸收营养、排出废物的过程叫新陈代谢。②泛指新事物产生发展，代替旧事物。 用 可做主语、定语。 例 • 医生说我身体的新陈代谢出了问题，要多吃蔬菜水果，按时休息。 • 掉头发是一种正常的新陈代谢现象，不必过分担心。
3	取而代之	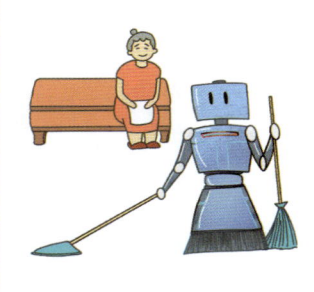 义 代：代替，取代。排除别人或别的事物而代替其位置。 用 可做谓语。 例 • 随着科技的发展，一些人类劳动已经逐渐被机器人取而代之了。 • 他辞职了，他的职位已经被另一个人取而代之了。
4	耳熟能详	 义 听的次数多了，熟悉得能详细地说出来。 用 可做谓语、定语。 例 • 李明对"狼来了"这则寓言耳熟能详，因为小时候妈妈常用这个故事教育他。 • 在中国，"梁山伯与祝英台"是许多人耳熟能详的爱情故事。

第五课 5

5	愈演愈烈	义 愈：越。（事情、情况）变得越来越严重。 用 可做谓语、定语。 例 • 现在新能源汽车的价格战愈演愈烈，企业如何盈利成为亟待解决的难题。 • 这场争端愈演愈烈，双方都不愿意妥协。
6	一成不变	义 成：形成。指事物一经形成就永不改变。 用 可做谓语、定语。 例 • 我们要坚持"以学生为中心"，不能采取一成不变的教育模式。 • 这么多年来，他的生活方式一成不变。
7	突如其来	义 突如：突然。突然发生。 用 可做状语、定语。 例 • 昨晚我梦见一团火突如其来地飞向我，结果我一下子就惊醒了。 • 突如其来的一场大雨把她淋成了落汤鸡。
8	扑面而来	义 扑：朝着，迎着。朝着你的方向过来。 用 可做谓语、定语。 例 • 推开家门，扑面而来的饭菜香味让我禁不住流下了口水。 • 走进宾馆，一股香气扑面而来，原来前台放着一大束百合花。

9	千变万化		义 形容变化很多。 用 可做谓语、定语。 例 • 天上的云千变万化，有时像兔子，有时像小狗。 • 这是一个千变万化的时代，我们要学会不断适应社会的发展。
10	变幻莫测		义 变幻：没有规则地改变。变化多端，很难预测。 用 可做谓语、定语。 例 • 六月的天气总是变幻莫测，刚刚还阳光明媚，现在就下起雨来了。 • 人们用惊奇的目光看着魔术师变幻莫测的表演，不断发出赞叹的声音。
11	不翼而飞		义 不翼：没长翅膀。①没有翅膀却能飞，比喻东西突然不见了。②形容消息、言论传播迅速。 用 可做谓语、定语。 例 • 小红回家后发现，桌子上的文具和书本竟然不翼而飞了。 • 超市周末大减价的消息不翼而飞，住在附近的居民已经做好了抢购的准备。
12	忽高忽低		义 原指琴声或歌声音调的变化，后指数据、现象等不稳定。 用 可做谓语、定语。 例 • 老人要是发现自己的血压总是忽高忽低，最好及时去医院检查。 • 这几天忽高忽低的气温让人十分难受。

第五课 5

13	翻来覆去	义 ①来回翻身。②一次又一次；多次重复。 用 可做谓语、状语。 例 • 你睡觉时别总是翻来覆去的，都影响到我了。 • 这几个知识点老师已经翻来覆去地讲过很多遍了，可有的同学还是记不住。
14	此起彼伏	义 此：这里；彼：那里。这里起来，那里落下，形容连续不断。 用 可做谓语、定语。 例 • 今天早上一起床，我就听见窗外小鸟此起彼伏的叫声。 • 医院里孩子们的哭喊声此起彼伏，一个上午都没停。
15	面目全非	义 非：不是。事物的样子改变得很厉害。 用 可做谓语、定语，多含贬义。 例 • 地震后，整个村子面目全非，完全看不出以前的样子了。 • 这首歌的歌词本来是描写学生生活的，现在却被网上一些人改得面目全非了。
16	化险为夷	义 夷：平安。使危险的情况或处境变为平安。 用 可做谓语、定语，含褒义。 例 • 过马路时玩手机十分危险，幸亏张明及时叫住了前面的人，这才化险为夷。 • 森林火灾几乎无法控制，幸好后来突然下起了大雨，才终于化险为夷。

3 练 习

一、根据意思写出成语

1. 指人的思想、性格在不知不觉中受到感染、影响而发生变化。
2. 排除别人或别的事物而代替其位置。
3. (事情、情况)变得越来越严重。
4. ①没有翅膀却能飞,比喻东西突然不见了。②形容消息、言论传播迅速。
5. 这里起来,那里落下,形容连续不断。
6. 使危险的情况或处境变为平安。
7. 原指琴声或歌声音调的变化,后指数据、现象等不稳定。
8. 变化多端,很难预测。
9. 突然发生。
10. 指事物一经形成就永不改变。

二、选出画线字在成语中的意思

1. 愈演愈烈(   )

    A. 越　　　　　B. 愈合　　　　　C. 好

2. 不翼而飞(   )

    A. 翅膀　　　　B. 帮助　　　　　C. 东西的一侧

3. 化险为夷(   )

    A. 外族人　　　B. 灭掉　　　　　C. 平安

4. 潜移默化(   )

    A. 隐在水里　　B. 秘密　　　　　C. 隐藏,不露在表面

5. 新陈代谢(   )

    A. 感谢　　　　B. 凋谢,衰亡　　 C. 拒绝

6. 面目全非(   )

    A. 非常　　　　B. 必须　　　　　C. 不是

三、选择合适的成语填空

（一） A.潜移默化 B.新陈代谢 C.取而代之 D.耳熟能详 E.愈演愈烈

1. 如果一直难以消除自己的紧张情绪，那么失眠的情况可能会（　　　）。
2. 也许因为父亲是艺术家，（　　　）之下，他从小就对音乐很有兴趣。
3. 医生说减肥的关键是加快（　　　），过度节食是不健康的。
4. 演讲者通常会用大家（　　　）的例子来说明自己的观点，因为这样才更有说服力。
5. 电商平台上的假货问题（　　　），应该引起相关部门的重视。
6. 看完一场感人的电影后，疲劳的感觉竟然消失了,（　　　）的是一种无以言表的喜悦和轻松。
7. 经常锻炼会加快身体的（　　　），这样你才能变得更加健康。
8. 他的教育方式让孩子在（　　　）中学到了很多为人处世的道理。
9. 虽然大家对《送别》这首歌（　　　），但是很少有人了解它背后的故事。
10. 听到这个消息后，他的笑容逐渐消失了,（　　　）的是尴尬的表情。

（二） A.一成不变 B.突如其来 C.扑面而来 D.千变万化 E.变幻莫测

1. 大自然的景色（　　　），每个季节都有它独特的魅力。
2. 股市的行情（　　　），让很多股民摸不着头脑。
3. 刚出家门，一股寒风（　　　），我赶紧回家多穿了件衣服。
4. 父亲一生只有一个（　　　）的原则，那就是做人要诚实。
5. 这场（　　　）的地震给人们带来了巨大的痛苦。
6. 不管世界如何（　　　），父母对孩子的爱是永远不变的。
7. 夏天的午后站在太阳底下，会感觉到一阵一阵的热浪（　　　）。
8. 这（　　　）的惊喜让我不知道该怎么办了。
9. 天气虽然（　　　），但气象科学不断进步，现在大体上已经能掌握其变化规律了。
10. 他的生活（　　　），就像白开水一样平淡无味。

（三） A.忽高忽低　B.翻来覆去　C.此起彼伏　D.面目全非　E.化险为夷　F.不翼而飞

1. 篮球比赛进行得十分激烈，两队仅有一分之差，观众的加油声（　　）。

2. 为了救出被困在大火中的孩子，小张两次冲进火海，当队友们发现他时，他的脸已经被烧得（　　）了。

3. 每次出差睡在酒店的床上，王明都会（　　），很久才能睡着。

4. 无论遇到什么危险，经验丰富的老王总能（　　）。

5. 你的学习成绩（　　），要好好反思一下学习的方法和存在的问题。

6. 一到晚上，邻居家那几条狗的叫声就（　　），闹得我们全家人都睡不好觉。

7. 遇到危险时，只有保持冷静才能（　　）。

8. 他从厕所回来时发现自己放在桌上的包（　　）了。

9. 小明把两双皮鞋（　　）地看了好几遍，可没有看出任何区别。

10. 这个小村子以前安静、美丽，但随着旅游业的发展，老房子都成了旅游纪念品商店，整个村子已经变得（　　）了。

11. 小李睡醒后发现一直挂在客厅的画居然（　　）了。

12. 小陈上次考试成绩不理想，从那之后，他的情绪就（　　），家人和朋友都很担心他的心理健康。

四、根据对话情景，用所给成语造句，将对话补充完整

1. 翻来覆去

对话情景：小刘和小江准备参加一个团体竞赛，但他们现在遇到了一些难题，正在会议室讨论。

对话人物：小刘和小江

对话地点：会议室

对话内容：

小江：小刘，我们刚才讨论的方法好像行不通，_____。

小刘：是啊，这个问题确实有点儿难，感觉我们陷入了一个死胡同。

小江：要不去问问老师吧，看看老师有什么好的建议。

小刘：那咱们快去吧，不然待会儿老师该下班了。

2. 突如其来

对话情景：小冬和李蕾正在公园里搭帐篷准备野餐，可是突然下起了大雨，她们只好找了个亭子避雨。

对话人物：小冬和李蕾

对话地点：公园

对话内容：

小冬：哎呀，＿＿＿＿＿＿＿＿＿＿＿＿＿＿，天气预报明明说今天是晴天。

李蕾：没事儿，夏天的雨就是这样，说来就来，没有预兆。我们可以在亭子里聊聊天儿呀。

小冬：是呀，反正我们出来也是为了放松的。对了，李蕾，你有什么推荐的书吗？我最近想看悬疑类的。

李蕾：有呀，回家拿给你，我有好多呢。

3. 新陈代谢

对话情景：为了减肥，小明和小红正在健身房里运动，他们约定每天花40分钟时间跑步。

对话人物：小明和小红

对话地点：健身房

对话内容：

小明：我都运动十来天了，体重还是一点儿也没降。

小红：是吗？我也是。听说＿＿＿＿＿＿＿＿＿＿＿＿＿＿，需要在饮食和运动两方面同时下功夫。我们可以多吃些蛋白质或者去游泳。

小明：怪不得呢，我每天的饮食不太规律，果然是我太着急了。

小红：别灰心，咱们一起努力，一定能成功的。

4. 扑面而来

对话情景：昨天学校门口发生了一起交通事故，幸好被撞的人只是轻微受了点儿伤。课间休息时，晓涵和小郑正在讨论这件事。

对话人物：晓涵和小郑

对话地点：教室

对话内容：

晓涵：你听说了吗？昨天校门口发生了一起交通事故。

小郑：什么？太可怕了！具体情况怎么样？

晓涵：我亲眼看到_____。不过，幸好那个人被及时送去了医院，现在已经没事了。

小郑：那就好。以后在路上一定要注意安全啊！

5. 不翼而飞

对话情景：小丽的手机丢了，小李听说后，立刻到便利店帮她找手机。

对话人物：小李和小丽

对话地点：便利店

对话内容：

小李：小丽，你刚才就是在这个便利店吃饭的吗？手机也是在这儿丢的吗？

小丽：是的，_____，怎么找也找不到。

小李：那你找店员看监控了吗？

小丽：看了，但是没有什么发现。

小李：那就奇怪了，手机里的东西有备份吗？

小丽：有，重要的东西我都多存了一份。

扫码看答案

第六课 6

1 生词表

1	相辅相成	xiāngfǔ-xiāngchéng	complement each other
2	密不可分	mìbùkěfēn	inseparable
3	息息相关	xīxī-xiāngguān	be closely bound up (with)
4	水涨船高	shuǐzhǎng-chuángāo	when the river rises, the boat goes up—particular things improve with the improvement of the general situation
5	深入人心	shēnrù-rénxīn	take root in the hearts of the people
6	根深蒂固	gēnshēn-dìgù	be deeply rooted; deeply ingrained
7	归根到底	guīgēn-dàodǐ	in the final analysis

8	来龙去脉	láilóng-qùmài	ins and outs
9	不了了之	bùliǎo-liǎozhī	end up with nothing settled
10	见仁见智	jiànrén-jiànzhì	different people, different views
11	因人而异	yīnrén'éryì	vary from person to person
12	大同小异	dàtóng-xiǎoyì	be more alike than different
13	美中不足	měizhōng-bùzú	a fly in the ointment
14	万无一失	wànwú-yìshī	no danger of anything going wrong

2 成语释义及例句

1	相辅相成		义 辅：辅助，补充。互相补充，互相配合。 用 可做谓语，含褒义。 例 • 公司的各个部门相互依存，相辅相成，共同推动公司的发展。 • 快乐和痛苦相辅相成，经历过痛苦，才更能体会到快乐。
2	密不可分		义 形容十分紧密，不可分割。 用 可做谓语、定语。 例 • 人类的生活与动物有着密不可分的关系。 • 艺术和生活是密不可分的，大多数的艺术形式都来源于生活，又高于生活。
3	息息相关		义 呼吸互相关联，形容关系非常密切。 用 可做谓语、定语。 例 • 保护环境与地球上的每个人都息息相关。 • 现代社会，手机与每个人的日常生活息息相关。
4	水涨船高		义 水位升高，船身也随之升起。比喻事物随着它所凭借的基础的提高而提高。 用 可做谓语、定语。 例 • 随着全国经济形势的好转，人民的生活水平也跟着水涨船高了。 • 现在原材料涨价，产品的价格也只得水涨船高。

5	深入人心		义 深深地进入人们的心里，多指理论、学说、政策等广泛被人们接受和理解。 用 可做谓语、定语，含褒义。 例 • "只有改革开放才能发展"的思想已经深入人心。 • 他是一位优秀的演员，演了很多深入人心的经典角色。
6	根深蒂固		义 固：牢固。树根扎得很深，瓜、果和茎、枝相连的部分也很牢固，比喻基础稳固，不容易动摇。 用 可做谓语、定语。 例 • 在一些偏远地区，重男轻女的思想仍然根深蒂固。 • "正确答案只有一个"，这种根深蒂固的思维模式限制了孩子的想象力。
7	归根到底		义 归：归结。归结到根本上。 用 可做谓语、状语。 例 • 我们之所以能获得大丰收，归根到底是因为采用了先进的技术。 • 当今世界各国经济、科技的竞争，归根到底是人才的竞争。
8	来龙去脉		义 比喻人或物的来历或事情的前因后果、发展脉络。 用 可做主语、宾语。 例 • 你必须跟警察说清楚刚才你们吵架的来龙去脉，这样警察才能帮你们化解矛盾。 • 在还没弄清事情的来龙去脉之前，我们不能只听一面之词。

9	不了了之		义 了：完结。该办的事情没有办完，放在一边不去管它，就算完事。 用 可做谓语、定语，多含贬义。 例 • 小明一回家就坐在电脑前打游戏，打扫房间的事恐怕要不了了之了。 • 这个项目没有人跟进，最终只能不了了之。
10	见仁见智		义 对同一个问题，各人有各人的见解。 用 可做谓语、定语。 例 • 对于这幅画的价值，可以说是见仁见智，每个人都有不同的看法。 • 究竟有没有外星人？这个问题见仁见智，很难有一致的结论。
11	因人而异		义 异：差异，不同。①因为人的不同而有所差异。②根据不同的对象采取不同的对待方式。 用 可做谓语、定语。 例 • 音乐品味因人而异，有人喜欢古典音乐，有人喜欢流行音乐。 • 对同一个问题的看法可能是因人而异的。
12	大同小异		义 大部分相同，只有小部分不同。 用 可做谓语。 例 • 这两种苹果的外形和颜色大同小异，但价格却相差很大。 • 这两篇小说的内容大同小异，只是文字风格不同罢了。

13	美中不足	义 足：足够，完美。虽然很好，但是还有缺陷。 用 可做宾语、定语。 例 • 这件衣服十分好看，唯一美中不足的地方就是做工不太好，有些线头露在外面了。 • 由于天气的原因，我们登上了泰山却没能看到日出，总觉得有些美中不足。
14	万无一失	义 绝对不会出差错。 用 可做谓语、定语、状语。 例 • 为了保证万无一失，他把重要文件都锁进了保险箱，把保险箱的钥匙也放在了非常安全的地方。 • 为了确保活动顺利进行，我们做了充足的准备，现在可以说是万无一失了。

3 练习

一、根据意思写出成语

1. 比喻人或物的来历或事情的前因后果、发展脉络。
2. 该办的事没有办完，放在一边不去管它，就算完事。
3. 互相补充，互相配合。
4. 树根扎得很深，瓜、果和茎、枝相连的部分也很牢固，比喻基础稳固，不容易动摇。
5. 深深地进入人们的心里，多指理论、学说、政策等广泛被人们接受和理解。
6. 水位升高，船身也随之升起。比喻事物随着它所凭借的基础的提高而提高。
7. 归结到根本上。

二、选出画线字在成语中的意思

1. 根深蒂<u>固</u>（　　）
   A. 原来，本来　　B. 牢固　　C. 坚决地

2. 美<u>中</u>不足（　　）
   A. 脚　　B. 足够，完美　　C. 完全

3. 不<u>了</u>了之（　　）
   A. 完结　　B. 解决　　C. 明白，清楚

4. 因人而<u>异</u>（　　）
   A. 奇怪　　B. 别的　　C. 差异，不同

5. <u>归</u>根到底（　　）
   A. 归结　　B. 回来　　C. 属于

三、选择合适的成语填空

（一） A. 大同小异　B. 密不可分　C. 根深蒂固　D. 水涨船高　E. 深入人心

1. 越来越多的人选择乘坐高铁出行，这和高铁的快速发展有着（　　）的关系。
2. 这两件衣服的款式看起来（　　），价格却相差很多。
3. 她在电影中扮演的角色（　　），许多观众都记住了这个优秀的演员。
4. 几千年来，迷信思想在这个落后的山区（　　）。
5. 努力和收获有着（　　）的联系，只有努力做好每一件小事，才能收获最后的成功。
6. 随着收入的增加，他们家的生活水平也（　　）。
7. 近几年，这个导演拍的好几部电视剧的情节都（　　），渐渐失去了对观众的吸引力。
8. 校长在开学典礼上的发言（　　），引起了大家的共鸣。
9. 今年大部分考生都考得很好，录取分数线也随之（　　）了。
10. 一些传统的思想观念（　　），很难轻易改变。

（二） A. 息息相关　B. 归根到底　C. 来龙去脉　D. 不了了之　E. 万无一失

1. 小红和小明约好一起去旅游，但由于最近两人都很忙，后来也就（　　）了。
2. 你必须在三天内把事情的（　　）调查清楚。
3. 这次爬山，我们的计划是（　　）的，不会出现任何意外。
4. 这个项目之所以进展不顺利，（　　）是因为项目成员缺乏团队合作精神。
5. 李明制订了详细的锻炼计划，但由于他的懒惰，最后（　　）。
6. 体育锻炼与人的健康（　　），每个人都应该坚持锻炼身体。
7. （　　），她的成功是由于坚持不懈的努力。
8. 为了搞清楚这件事的（　　），他已经三天三夜没睡觉了。
9. 出色的学习成绩不光要靠努力，还与心态、学习环境（　　）。
10. 为了确保这次演出圆满成功，所有演员提前一个月就开始排练，力求（　　）。

（三） A. 见仁见智　　B. 因人而异　　C. 相辅相成　　D. 美中不足

1. 经济发展和环境保护（　　），不能为了发展经济而破坏环境。

2. 由于每个人的性格和经历不同，梦想也（　　）。

3. 虽然婚礼的过程有些（　　），但来宾还是被他们的爱情所感动。

4. 各位（　　），提出的意见都很有道理。

5.《红楼梦》具有极高的艺术性和思想性，但（　　）的是小说没有写完。

6. 学习与工作并不矛盾，而是（　　）的，我们在工作中也可以学习。

7. 有人喜欢吃榴梿，有人不喜欢吃，这些都是（　　）的。

8. 大家对李老师提出的问题（　　），讨论得十分热烈。

四、根据对话情景，用所给成语造句，将对话补充完整

1. 来龙去脉

对话情景：小君放学回家跟妈妈聊天儿。

对话人物：小君和妈妈

对话地点：小君家

对话内容：

小君：妈妈，今天我们班发生了一件特别的事。

妈妈：怎么了？_____。

小君：今天上午上课的时候，我们班的小宁同学突然晕倒了。

妈妈：然后呢？

小君：老师赶紧拨打了120急救电话，救护车很快就来了。还好医生检查后发现，小宁只是低血糖，没什么大问题。

2. 深入人心

对话情景：老师和班长正在讨论近期班级画展的事。

对话人物：老师和班长

对话地点：教室

对话内容：

班长：老师，我们班近期打算搞一次画展，要求每个同学画一幅画儿，您觉得选什么主题比较好呢？

老师：这个活动的形式挺好，主题嘛，就选"环境保护"吧。

班长：好的，_____，大家应该会有很多想法。

老师：那你就给同学们发通知吧。

3. 因人而异

对话情景：小刚和小晨在校园里边走边聊天儿，小刚提起他最近因为考试成绩不理想而焦虑的事。

对话人物：小刚和小晨

对话地点：校园

对话内容：

小刚：考试成绩下来了，我考得不太好，最近一直很焦虑。

小晨：你是因为什么原因没考好呢？跟我说说吧。

小刚：前段时间我在网上发现了一个"学霸式学习法"，就尝试了一下，结果成绩还是不理想。

小晨：_____，你要学会根据自己的实际情况进行调整，不能别人怎么样你就怎么样。

小刚：我明白了，回去以后我好好反思一下，重新制订一个计划。

4. 大同小异

对话情景：小韩和李雷在商场挑选口红。

对话人物：小韩和李雷

对话地点：商场

对话内容：

小韩：李雷，你觉得这两支口红的颜色哪个更好看？

李雷：我感觉差不多啊！_____，我看不出来。

小韩：不对！你看，这个是正红色，这个是砖红色，是有细微区别的。你再仔细看看哪个更适合我。

李雷：嗯……那就这个砖红色吧！

5. 美中不足

对话情景： 小红和小丽在商场里挑选衣服，小红看中了一件衣服，但是没有适合自己的尺码了。

对话人物： 小红和小丽

对话地点： 商场

对话内容：

小红：小丽，你看这件衣服怎么样？

小丽：特别好看，而且米色很适合你。

小红：我也挺喜欢这一件的，_____，衣服有点儿小了。

小丽：要不试试其他颜色？

扫码看答案

第七课

1 生词表

1	相比之下	xiāngbǐ zhī xià	in contrast
2	不相上下	bùxiāng-shàngxià	be equally matched
3	一模一样	yìmú-yíyàng	exactly alike
4	恰到好处	qiàdào-hǎochù	just right (for the purpose or occasion, etc.)
5	恰如其分	qiàrú-qífèn	appropriate
6	错综复杂	cuòzōng-fùzá	complicated and confused
7	纵横交错	zònghéng-jiāocuò	crisscross; interlacing—a very complicated situation

8	十字路口	shízì lùkǒu	crossroads; at a critical turning point (in one's life, etc.)
9	横七竖八	héngqī-shùbā	in disorder
10	杂乱无章	záluàn-wúzhāng	disorderly and unsystematic
11	居高临下	jūgāo-línxià	be in a commanding position
12	势不可当	shìbùkědāng	trend which cannot be halted
13	大有可为	dàyǒu-kěwéi	be very promising/hopeful; be well worth doing

2 成语释义及例句

1	相比之下		义 比较来看，相互比较对照。 用 可做状语。 例 • 这件绿色的衣服比较适合我，相比之下，那件蓝色的外套太大了。 • 高山和大海我都喜欢，但相比之下，我更喜欢去海边玩。
2	不相上下		义 分不出高低，形容数量、程度差不多。 用 可做谓语、补语。 例 • 小丽和小华这次的考试成绩不相上下，看不出两人英语水平的差异。 • 小芳非常爱读书，也经常买书，她家里图书的数量简直和书店的不相上下。
3	一模一样		义 形容完全相同，没有什么两样。 用 可做谓语、定语。 例 • 虽然这对双胞胎的外貌几乎一模一样，但是她们的性格却完全不同。 • 我不小心把同学的手机弄丢了，我答应再给他买个一模一样的。
4	恰到好处		义 恰：正好。（说话、办事等）正好达到适当的地步。 用 可做谓语、状语、补语，含褒义。 例 • 这件白色的短袖搭配这条灰色的裙子真是恰到好处，漂亮极了！ • 在这场辩论会上，他的总结发言恰到好处，赢得了大家热烈的掌声。

第七课 7

5	恰如其分	义 办事或说话正合分寸。 用 可做谓语、状语，含褒义。 例 • 这位领导对员工的评价总是恰如其分，让人十分佩服。 • 他见到自己喜欢的女生时总是很害羞，不能恰如其分地表现自己。
6	错综复杂	义 错：交错，交叉。形容头绪繁多，情况复杂。 用 可做谓语、定语。 例 • 这座城市的道路系统错综复杂，必须借助地图才能不迷路。 • 这段错综复杂的历史老师讲解了很多遍，但还是没有几个人能听懂。
7	纵横交错	义 纵：南北方向；横：东西方向。形容事物或情况很复杂，交叉点很多。 用 可做谓语、定语。 例 • 这些纵横交错的电线存在安全隐患。 • 这座城市的运河纵横交错，船成了这里最常用的交通工具。
8	十字路口	义 两条道路纵横交叉的地方，比喻在重大问题上需要对去向做出选择的境地。 用 可做主语、宾语。 例 • 十字路口车多人多，我们要按照红绿灯的指示安全通过。 • 在人生的旅途中，我们不可避免地会遇到各种十字路口，这时一定要冷静思考，才能做出正确的选择。

71

9	横七竖八		义 有横的，有竖的，形容纵横杂乱。 用 可做谓语、状语、补语。 例 • 大量木材在地上堆得横七竖八的，工人们还没来得及搬运。 • 小组活动后同学们忙着回家，教室里的桌椅横七竖八地放着，没有人整理。
10	杂乱无章		义 章：条理。又多又乱，没有条理。 用 可做谓语、补语、定语，含贬义。 例 • 这篇文章写得杂乱无章，不知道想表达什么。 • 这两个孩子个性完全不同，哥哥的房间井井有条，弟弟的房间却杂乱无章。
11	居高临下		义 居：在（某种位置）；临：从高处往下看。处在高处，向下看。形容处于有利的地位或傲视他人。 用 可做谓语、状语、定语。 例 • 我方战士居高临下，利用有利地形战胜了敌人。 • 刘阳虽然很优秀，但总是居高临下地教训别人，同学们都不喜欢他。
12	势不可当		义 当：抵挡。来势迅猛，不可抵挡。 用 可做谓语、状语、定语。 例 • 这场台风势不可当，给这座城市造成了严重的危害。 • 如果他们在这场比赛中还能保持良好的状态，肯定会势不可当地赢得冠军！

| 13 | 大有可为 | | 义 为：作为。事情有发展前途，很值得做。
用 可做谓语、定语。
例 • 虽然这项技术还不太成熟，但许多专家认为它将来会大有可为。
• 中国的西部地区地大物博，亟待开发，对年轻人来说是大有可为的。 |

3 练 习

一、根据意思写出成语

1. 分不出高低，形容数量、程度差不多。
2. 事情有发展前途，很值得做。
3. 处在高处，向下看。形容处于有利的地位或傲视他人。
4. 来势迅猛，不可抵挡。
5. 比较来看，相互比较对照。
6. 办事或说话正合分寸。

二、选出画线字在成语中的意思

1. 居高<u>临</u>下（   ）
   A. 从高处往下看　　B. 到达　　C. 将要

2. 势不可<u>当</u>（   ）
   A. 当然　　B. 抵挡　　C. 成为

3. <u>错</u>综复杂（   ）
   A. 错误　　B. 失去机会　　C. 交错，交叉

4. 杂乱无<u>章</u>（   ）
   A. 文章　　B. 条理　　C. 标记

5. 大有可<u>为</u>（   ）
   A. 变成　　B. 担任　　C. 作为

三、选择合适的成语填空

（一）A. 相比之下　　B. 杂乱无章　　C. 一模一样　　D. 恰到好处

1. 这篇文章写得（　　），使用的词语也不准确。
2. 我毕业后想去北京而不是留在家乡，因为（　　），北京的工作机会更多。

3. 仓库里的东西（　　　）地堆在一起，清理起来很费劲。

4. 大家都说这姑娘性格温柔，做事认真，长得又漂亮，简直和她妈妈（　　　）。

5. 会议时间安排得（　　　），不仅让大家有足够的时间休息，而且还考虑到了某些人的特殊要求。

6. （　　　），暑假我更愿意出去旅游，因为可以体验不一样的生活。

7. 我们终于到达了这次旅行的目的地，景色和想象中的（　　　），没有让人失望。

8. 画水彩画时，调色很重要，水分不能太多，也不能太少，要（　　　）才能调出合适的颜色。

（二）A.恰如其分　B.错综复杂　C.横七竖八　D.不相上下　E.十字路口

1. 马路中间（　　　）地摆放着许多纸箱子，造成了交通拥堵。

2. 他们俩都是班上非常优秀的学生，学习成绩（　　　）。

3. 导航显示前面的（　　　）堵车严重，不知道还要等多久，我们还是换条路吧。

4. 这个问题（　　　），学者们各有各的看法，很难达成一致。

5. 她的表演（　　　），让观众十分震撼。

6. 大量从外地运来的排水管道被（　　　）地扔在工地上。

7. 面对（　　　）的情况，她深深地吸了一口气，努力让自己保持清醒。

8. 家长在孩子取得进步的时候，要（　　　）地给予表扬，以增强他们的自信心。

9. 他今年刚刚大学毕业，正处于人生的（　　　），后面是工作还是继续读研究生，他还没想好。

10. 小红的爷爷虽然七十岁了，但跑步的速度与年轻人（　　　）。

（三）A.纵横交错　B.居高临下　C.势不可当　D.大有可为

1. 中国西部地区的资源十分丰富，只是缺少人才，如果你愿意去那里，将来一定（　　　）。

2. 通过（　　　）的自来水管，淡水被源源不断地送到居民家中。

3. 旧制度显然已经不适合当今的社会，新制度的推行（　　　）。

4. 那种（　　　　）、一味说教的做法不但达不到教育的目的，往往还会引起学生的反感。

5. 我决定报考农业大学，因为我相信农业（　　　　）。

6. 倾盆大雨下个不停，（　　　　），我们只好取消了今天的活动。

7. 这里到处是（　　　　）的小巷子，外地人很容易迷路。

8. 作为政府官员，如果总是（　　　　），不深入群众，那就无法了解到老百姓的真正需求。

四、根据对话情景，用所给成语造句，将对话补充完整

1. 相比之下

对话情景：小红周末逛街时走进了一家服装店，热情的售货员立刻迎了上来。

对话人物：小红和售货员

对话地点：服装店

对话内容：

售货员：您好，请问您想买什么样的衣服呢？

小　红：我想买一件连衣裙，有什么推荐的款式吗？

售货员：您看这件白色的可以吗？款式很时尚，质量也很好，是我们店卖得最好的裙子。

小　红：这件裙子确实很好看，但是有点儿短，_____。

售货员：这件也好看，颜色鲜艳，很适合您。

小　红：那我就要这一件吧。

2. 一模一样

对话情景：小郭在大学同学聚会上遇见了多年不见的老同学小吕，两人聊起天儿来。

对话人物：小郭和小吕

第七课 7

对话地点：饭店

对话内容：

小郭：好久不见，最近过得还好吗？

小吕：我最近很好，找到了一份满意的工作，工资很高，就是总加班。你呢？工作还顺利吗？

小郭：我的工作虽然工资不高，但很轻松，也很少加班，周围的同事都非常友善，每天下班回家心情都特别好。

小吕：难怪你看着这么年轻，＿＿＿＿＿＿＿＿＿＿，一点儿都没变。

3. 恰到好处

对话情景：小李做了红烧肉，邀请同学小林来自己家吃饭。

对话人物：小李和小林

对话地点：小李家

对话内容：

小李：红烧肉是我的拿手菜，你快尝尝。

小林：真好吃！＿＿＿＿＿＿＿＿＿＿，不咸也不淡，你的厨艺真是越来越好了！什么时候能教教我呀？

小李：你喜欢吃的话，明天我再给你做，顺便教教你。

小林：太好了！

4. 错综复杂

对话情景：小雨发现自己的朋友小珊有些不开心，于是约她去咖啡馆聊天儿。

对话人物：小雨和小珊

对话地点：咖啡馆

对话内容：

小雨：你看起来有点儿不开心，出什么事了？

小珊：我最近换了份新工作，＿＿＿＿＿＿＿＿＿＿＿＿＿，同事也不如原来公司的友善了。

小雨：不要有压力，你只是还没适应新环境。再和大家相处一段时间，彼此熟悉了，人际关系就会好起来的。

小珊：你说得对，我应该只是对新环境还不熟悉，相信会慢慢变好的。

5. 横七竖八

对话情景：王阿姨要来家里做客，妈妈看到女儿的房间里堆满了玩具，便催促她赶快把房间收拾干净。

对话人物：妈妈和女儿

对话地点：女儿的卧室

对话内容：

妈妈：一会儿王阿姨要来我们家做客，＿＿＿＿＿＿＿＿＿＿＿＿＿，快点儿把房间收拾一下吧。

女儿：好的，妈妈。王阿姨什么时候来？

妈妈：她说半小时之后到。

女儿：我一定在半小时之内把房间收拾干净。

扫码看答案

第八课 8

成语故事二则及综合练习

亡羊补牢

义	亡：丢失；牢：关养牲畜的圈。比喻出了问题以后想办法补救，可以防止继续遭受损失。
用	可做主语、谓语、宾语、定语。
例	• 这对刚结婚的小夫妻，总是觉得钱不够花。现在他们决定亡羊补牢，改变乱花钱的习惯，节省不必要的开支。 • 尽管项目初期出现了一些失误，但团队亡羊补牢，及时调整，避免了更大的损失。

1 课 文

　　从前有个人养了一些羊。一天早上，他发现自己的羊少了一只，仔细一看，原来是羊圈破了一个口子。邻居劝他说："赶快把羊圈修一修，堵上那个口子吧。"

　　他说："羊已经丢了，还修羊圈干什么呢？"

　　第二天早上，他发现羊又少了一只。他很后悔，不该不接受别人的劝告。他心想，现在修还不晚。于是他堵上了那个口子，把羊圈修得结结实实的。从此，他的羊再也没丢过。

2 生词

1	亡羊补牢	wángyáng-bǔláo	mend the fold after the sheep is lost
2	仔细	zǐxì	careful
3	羊圈	yángjuàn	sheepfold
4	口子	kǒuzi	hole
5	邻居	línjū	neighbor
6	劝	quàn	to persuade
7	丢	diū	to lose
8	后悔	hòuhuǐ	to regret
9	劝告	quàngào	advice
10	结结实实	jiējieshīshī	firm and solid
11	再也	zài yě	anymore

守株待兔

义 株：树桩。比喻不主动努力而有侥幸心理，希望得到意外的收获。也比喻死守狭隘的经验，不知变通。

用 可做主语、谓语、宾语、定语，含贬义。

例
- 现代社会，企业如果不努力创新，只想着守株待兔，效益肯定会越来越差。
- 守株待兔的方式并不能解决问题，我们需要采取积极的行动来应对困难。

1 课文

从前有个农夫，每天早上天一亮就到地里劳动，傍晚太阳快落山了才回家，生活得很辛苦。有一天，他正在地里干活儿，突然看见一只野兔飞快地从草丛中跑出来，一下子撞到地里的树桩上，折断脖子死了。农夫捡起死兔子带回家，吃了一顿香喷喷的兔肉，心里很高兴。他心想，如果每天都有一只兔子吃，那该多好啊！从那以后，他再也不想辛苦地劳动了，每天都守在树桩旁边，希望可以再得到一只兔子。

2 生词

| 1 | 守株待兔 | shǒuzhū-dàitù | stand by a tree stump waiting for a hare to come and dash itself against it —wait foolishly for a most unlikely windfall; wait for gain without pain |

2	农夫	nóngfū	farmer
3	劳动	láodòng	to labour
4	傍晚	bàngwǎn	evening
5	辛苦	xīnkǔ	hard
6	野兔	yětù	hare
7	飞快	fēikuài	fast
8	草丛	cǎocóng	thick growth of grass
9	一下子	yíxiàzi	at a stroke
10	撞	zhuàng	to bump against
11	树桩	shùzhuāng	stump
12	折断	zhéduàn	to break
13	脖子	bózi	neck
14	捡	jiǎn	to pick up
15	香喷喷	xiāngpēnpēn	sweet-smelling

第八课

综合练习

（1—7 课）

一、判断下列成语的使用是否正确

1. 我很少收拾房间，今天开天辟地地把房间收拾干净了。（　　）
2. 今天的天气风风雨雨的，不知道什么时候能放晴。（　　）
3. 祝您生日快乐，福如东海，万古长青！（　　）
4. 我们在公交车上一定要小心，不能给小偷可乘之机。（　　）
5. 他从农村来到大城市，看到比比皆是的高楼时惊呆了。（　　）
6. 他最近很烦，因为感受到了来自四面八方的压力。（　　）
7. 他小小年纪就体会到了人世间的悲欢离合。（　　）
8. 这家咖啡馆非常好，只要点一杯咖啡就可以没完没了地续杯。（　　）
9. 我耳熟能详这首歌，旋律一响，我就不禁跟着唱了起来。（　　）
10. 由于我工作能力突出，取而代之了原来的经理。（　　）
11. 大雨扑面而来地把我淋湿了。（　　）
12. 环境保护问题息息相关着我们每个人的未来。（　　）
13. 这次交通事故的来龙去脉还不清楚，我们正在调查。（　　）
14. 我个人认为，成绩相比之下能力更重要。（　　）
15. 他站在长城上，居高临下地对我大喊："加油！快点儿啊！"（　　）
16. 她是一个十分精致的人，每天打扮得恰如其分。（　　）
17. 今天朋友要来做客，可是我的房间杂乱无章，得赶紧收拾收拾。（　　）
18. 来中国后我去过很多城市，尤其是北京，我去了三番五次。（　　）
19. 下课了，同学们络绎不绝地走出教室。（　　）
20. 由我来归根到底一下今天会议的主要内容。（　　）

二、请把下列成语填入合适的类别中

1. 日新月异
2. 翻天覆地
3. 自然而然
4. 暴风骤雨
5. 风和日丽
6. 雪上加霜
7. 峰回路转
8. 千家万户
9. 成群结队
10. 五花八门
11. 家家户户
12. 千军万马
13. 各式各样
14. 成千上万
15. 形形色色
16. 比比皆是
17. 寥寥无几
18. 悲欢离合
19. 诸如此类
20. 喜怒哀乐
21. 酸甜苦辣
22. 千变万化
23. 潜移默化
24. 变幻莫测
25. 此起彼伏
26. 忽高忽低
27. 息息相关
28. 大同小异
29. 密不可分
30. 错综复杂
31. 居高临下
32. 纵横交错
33. 相比之下
34. 一模一样
35. 不相上下

A. 和数量或种类有关的成语：_____

B. 和变化有关的成语：_____

C. 和天气有关的成语：_____

D. 和心情有关的成语：_____

E. 和关系相关的成语：_____

F. 含比较意义的成语：_____

三、在空格中填入合适的汉字，使每个成语都成立

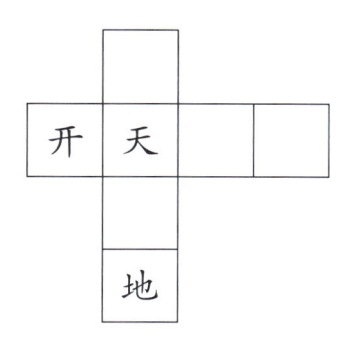

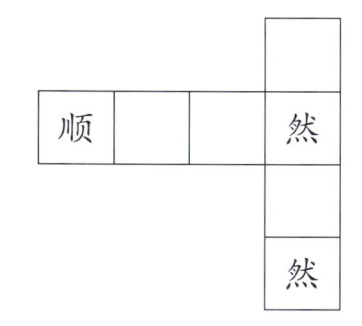

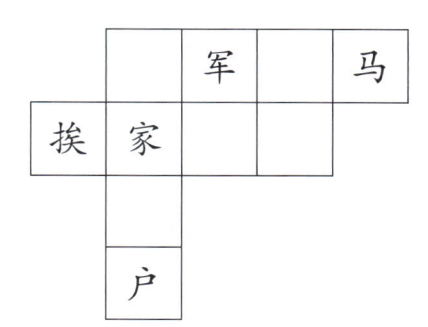

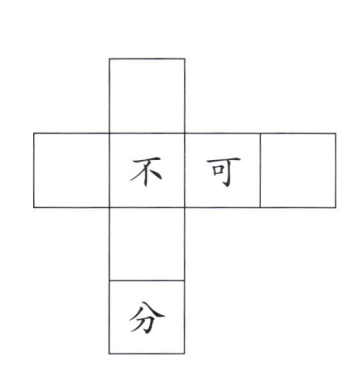

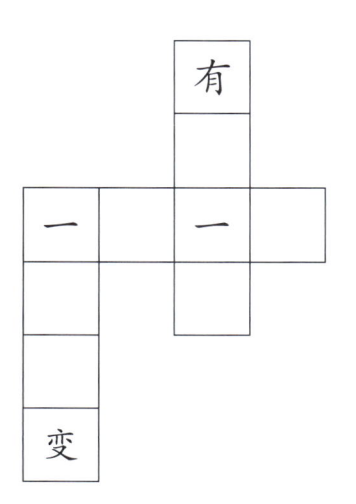

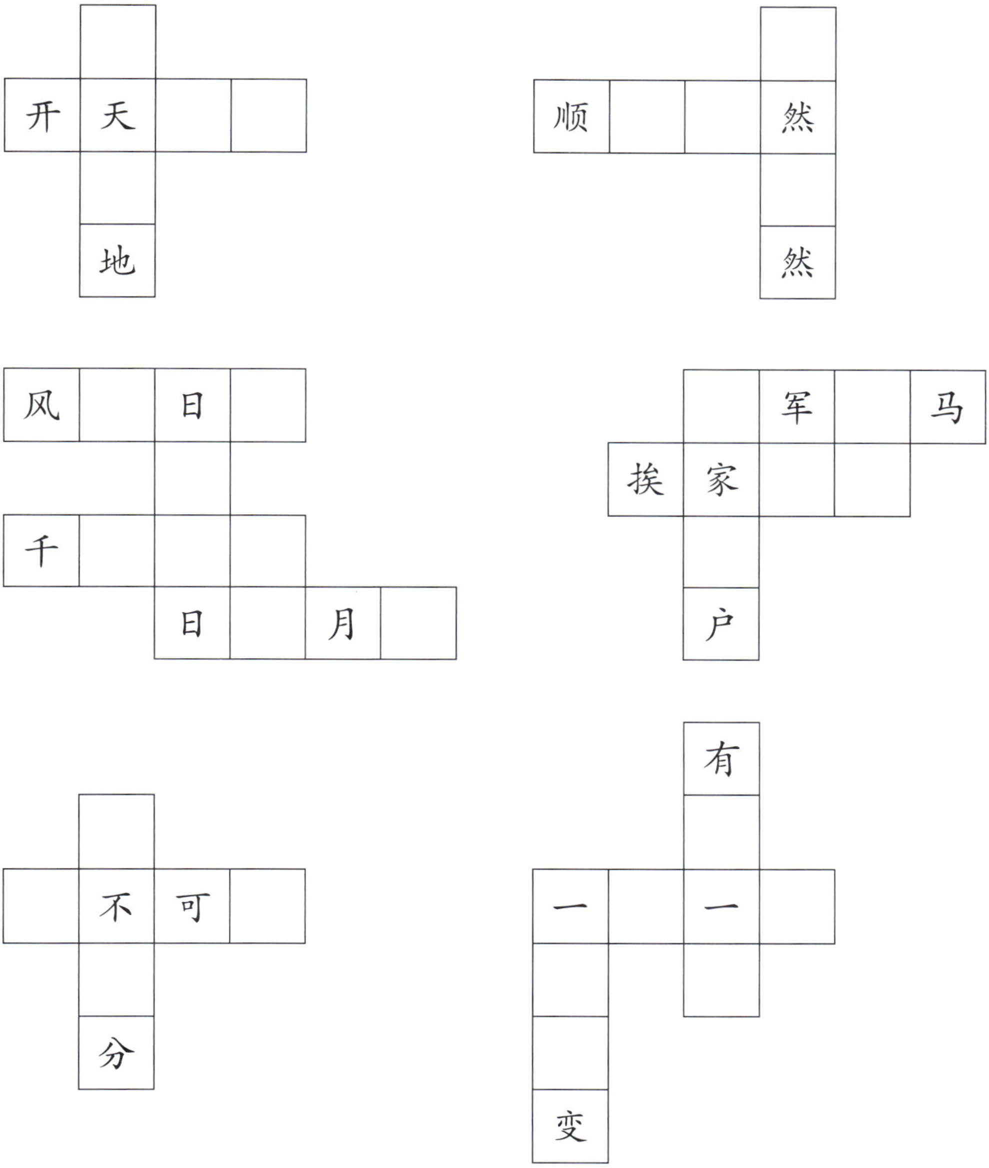

四、小组活动

呼风唤雨	惊天动地	雪上加霜
水落石出	争分夺秒	摇摇欲坠
成群结队	源源不断	悲欢离合
喜怒哀乐	扑面而来	忽高忽低
翻来覆去	水涨船高	横七竖八
居高临下		

活动要求

2—4人一组，从上面选一个成语进行表演，或者用它说说自己的经历。

扫码看答案

第九课 9

1 生词表

1	门当户对	méndāng-hùduì	(of marriage) be well-matched in socioeconomic position
2	亲朋好友	qīnpéng-hǎoyǒu	one's relatives and close friends
3	形影不离	xíngyǐng-bùlí	follow each other like body and shadow—be inseparable
4	朝夕相处	zhāoxī-xiāngchǔ	be closely associated
5	萍水相逢	píngshuǐ-xiāngféng	(of strangers) meet by chance like patches of drifting duckweed
6	敬而远之	jìng'éryuǎnzhī	keep sb. at a respectful distance
7	似曾相识	sìcéng-xiāngshí	(of two people) seem to have met before

8	素不相识	sùbùxiāngshí	be strangers to each other
9	针锋相对	zhēnfēng-xiāngduì	give tit for tat
10	一路平安	yílù-píng'ān	have a safe journey
11	一路顺风	yílù-shùnfēng	have a good journey
12	一帆风顺	yìfān-fēngshùn	plain/smooth sailing—everything goes smoothly
13	如愿以偿	rúyuànyǐcháng	attain one's wishes
14	心想事成	xīnxiǎng-shìchéng	all wishes come true
15	鹏程万里	péngchéng-wànlǐ	make a roc's flight of ten thousand *li* at one jump—have a bright future

2 成语释义及例句

1	门当户对		义 指男女双方家庭的社会地位和经济状况相当，结婚很合适。 用 可做谓语、定语。 例 • 老一辈的人更希望自己儿女的婚事是门当户对的。 • 比起门当户对，现在的年轻人在结婚时更多考虑的是双方的生活方式、知识水平以及性格等等。
2	亲朋好友		义 亲戚和朋友。 用 可做主语、宾语、定语。 例 • 春节是中国人最重要的传统节日，过节这几天，亲朋好友间会互相拜年。 • 生日会上，小明将蛋糕切开，分给前来祝贺的亲朋好友。
3	形影不离		义 离：分离。像形体和它的影子那样分不开，形容彼此关系亲密，经常在一起。 用 可做谓语、定语。 例 • 他们俩的性格完全不同，但却是形影不离的好朋友。 • 她和王兰像是亲姐妹一样，整天形影不离。
4	朝夕相处		义 朝：早上；夕：晚上。从早到晚都在一起，形容关系密切。 用 可做谓语、定语。 例 • 小明和小红每天朝夕相处，感情越来越好。 • 经过四年朝夕相处的大学生活，同学们早已建立起了深厚的友谊。

5	萍水相逢		义 逢：遇到，碰见。比喻以前不认识的人偶然相遇。 用 可做谓语、定语。 例 • 王明是个热心人，经常无私地帮助一些萍水相逢的人。 • 我们俩虽然只是萍水相逢，但却有一种说不出的亲切感。
6	敬而远之		义 远：疏远。表示尊敬，但不愿接近或亲近。 用 可做谓语、定语。 例 • 王老师课讲得很好，不过太严厉，所以学生们都对他敬而远之。 • 他这个人高傲自大，脾气又怪，因此大家都对他敬而远之。
7	似曾相识		义 似：好像；曾：曾经。好像曾经见过，形容对见到的人或事物有印象，但又不确定。 用 可做谓语、定语。 例 • 这两个人从来没见过面，但第一次见面时，彼此都有一种似曾相识的感觉。 • 他正散着步，突然看到前面有个背影似曾相识。
8	素不相识		义 素：平素，向来。指向来不认识（用于人）。 用 可做谓语、定语。 例 • 小张和小赵是邻居，但两人却素不相识。 • 经过了这次事故，这两个素不相识的人慢慢成了知己。

第九课 9

9	针锋相对		义 针尖对针尖，比喻双方观点、策略等对立。 用 可做谓语、状语、定语。 例 • 关于自动驾驶是否会造成大量司机失业这个问题，他们俩的观点针锋相对。 • 在这场辩论会上，正反双方提出了针锋相对的观点。
10	一路平安		义 行程中没出任何事故，常用作对出门人的祝福语。 用 可做谓语、补语。 例 • 远行的朋友，祝你们一路平安！到达后记得给我们发个消息。 • 飞机马上就要起飞了，希望大家一路平安，旅途愉快！
11	一路顺风		义 旅行或办事顺利，多用于祝福别人旅途平安。 用 可做谓语、补语。 例 • 小寒要去参加越野车比赛，赛前朋友对他说："祝你一路顺风！" • 我和最好的朋友在火车站分别时，心里很不舍，只能一遍又一遍地说："再见，一路顺风！"
12	一帆风顺		义 船帆完全打开，船顺风行驶。形容做事非常顺利，没有遇到困难。 用 可做谓语、定语，含褒义。 例 • 生活的道路不总是一帆风顺的，困难和挫折是不可避免的。 • 无论是上学还是工作，小静这二十多年来的人生可谓一帆风顺。

91

13	如愿以偿		义 偿:满足。像所希望的那样得到满足,指愿望实现。 用 可做谓语、状语。 例 • 经过不懈的努力,今年我如愿以偿地考上了理想的大学。 • 他计划暑假和朋友们出国旅游,可惜由于时间和金钱的原因,最终没能如愿以偿。
14	心想事成		义 成:完成,成功。心中想要的都能实现,多用于祝福他人。 用 可做谓语、补语。 例 • 在新年到来之际,我祝您身体健康,心想事成! • 在这个特别的日子里,祝您心想事成,每天都有好心情!
15	鹏程万里		义 相传鹏鸟能飞万里路,形容前途远大。 用 可做谓语,含褒义。 例 • 他在学校的表现一直十分优秀,相信日后一定能鹏程万里,前途不可限量。 • 校长在毕业典礼上祝福每一位毕业生都能鹏程万里,展翅高飞。

3 练 习

一、根据意思写出成语

1. 指男女双方家庭的社会地位和经济状况相当，结婚很合适。
2. 比喻以前不认识的人偶然相遇。
3. 相传鹏鸟能飞万里路，形容前途远大。
4. 指向来不认识（用于人）。
5. 针尖对针尖，比喻双方观点、策略等对立。
6. 船帆完全打开，船顺风行驶。形容做事非常顺利，没有遇到困难。
7. 行程中没出任何事故，常用作对出门人的祝福语。
8. 从早到晚都在一起，形容关系密切。
9. 旅行或办事顺利，多用于祝福别人旅途平安。

二、选出画线字在成语中的意思

1. 形影不离（　　）
   A. 分离　　　　B. 距离　　　　C. 缺少

2. 敬而远之（　　）
   A. 距离不近　　B. 差别大　　　C. 疏远

3. 朝夕相处（　　）
   A. 早上　　　　B. 向、往　　　C. 天

4. 如愿以偿（　　）
   A. 偿还　　　　B. 满足　　　　C. 补偿

5. 心想事成（　　）
   A. 成就　　　　B. 完成，成功　C. 现成的

6. 素不相识（　　）
   A. 没有肉的　　B. 平素，向来　C. 白色的

93

三、选择合适的成语填空

（一）A.一路顺风　B.亲朋好友　C.形影不离　D.朝夕相处　E.萍水相逢

1. 经过这些年的（　　），他们俩的感情越来越好了。

2. 我们虽然刚认识不久，但很快就成了（　　）的好朋友。

3. 最近，妻子给（　　）寄了一些我们在国外旅行的照片。

4. 六年的（　　）使同学们建立起了深厚的友谊。

5. 我和小美只是（　　），并不是很熟，也许过一段时间就会忘了彼此。

6. 今天，他们将在各位（　　）的见证下举行婚礼，让我们一起祝福他们！

7. 雷锋和很多人都只是（　　），但他却无私地帮助别人。

8. 好朋友要走了，我对她说："祝你（　　）！我们下次再见！"

9. 我们第一次见面是在唱歌比赛时，那时候他还是我的对手，现在却成了我（　　）的好朋友。

10. 十年一次的大学聚会结束了，老同学们互相告别："（　　）！再见！"

（二）A.敬而远之　B.似曾相识　C.素不相识　D.针锋相对　E.一路平安

1. 朋友们马上就要出国学习了，我真诚地祝福他们（　　）！

2. 小明的爸爸是个非常严肃的人，小明从小就对他（　　）。

3. 怪不得我觉得这个人（　　），聊了一会儿便发现他是我童年的小伙伴。

4. 对于那些态度高傲的陌生人，他总是（　　），不愿意多打交道。

5. 通过老鹰抓小鸡的游戏，几分钟前还（　　）的孩子们慢慢熟悉起来。

6. 他们理念不同，在会议上总是（　　），互不相让。

7. 来到这个操场上，我总有一种（　　）的感觉，似乎一切都那么熟悉。

8. 火车快开了，我祝大家（　　），顺利到达目的地。

9. 小王不同意我的观点，在讨论时，我们俩的发言句句都（　　）。

10. 小明迷路了，是一个（　　）的年轻人把他送回家的。

（三）A. 门当户对　　B. 一帆风顺　　C. 如愿以偿　　D. 心想事成　　E. 鹏程万里

1. 作为小晴的阿姨，我希望她将来（　　　），也希望她能永远平安健康。
2. 今天是教师节，同学们祝各位老师节日快乐，工作顺利，（　　　）！
3. 小明这次旅途（　　　），没有遇到任何问题。
4. 毕业后，他们俩（　　　）地结了婚，得到了所有人的祝福。
5. 祝您节日快乐，身体健康，（　　　）！
6. 小林有着远大的志向，希望自己将来能够（　　　），成就一番事业。
7. 现代社会提倡自由恋爱，只要两个人彼此相爱，不一定需要（　　　）。
8. 你第一次出远门，路上一定要多加小心，祝你（　　　）！
9. 面试了十几家公司后，小峰终于（　　　）地找到了一份自己满意的工作。
10. 现在很多年轻人都无法接受（　　　）的观念，坚持要追求属于自己的幸福。

四、根据对话情景，用所给成语造句，将对话补充完整

1. 亲朋好友

对话情景：小林快过生日了，休息时，小李问小林今年的生日打算怎么庆祝。

对话人物：小李和小林

对话地点：公司休息室

对话内容：

小李：下周日就是你的生日了，你打算怎么庆祝呢？

小林：还没想好呢！你之前过生日都是怎么庆祝的呀？

小李：我喜欢清静，往年过生日都是和父母一起，他们会做很多我喜欢吃的菜，再买一个生日蛋糕。

小林：可是我喜欢热闹一点儿。

小李：＿＿＿＿＿＿＿＿＿＿＿＿＿＿＿＿＿＿，大家一起庆祝。

小林：这个建议不错，那我这周就开始联系大家，你到时候也要来呀！

2. 门当户对

对话情景：下班后，同事们在一起聊天儿，小明询问起小红的恋爱情况。

对话人物：小明和小红

对话地点：办公室

对话内容：

小明：听说你最近谈恋爱了，那个男生怎么样呀？

小红：他是我读研究生时的同学，性格很温和，家庭条件也不错，我很喜欢他。

小明：你们俩都是硕士毕业，家庭条件又都很好，_____，一定会幸福的！

小红：谢谢你的祝福。

3. 似曾相识

对话情景：小静早上刚到公司，就看到小珍高兴地朝自己走来，便和她聊起天儿来。

对话人物：小静和小珍

对话地点：办公室

对话内容：

小静：你今天看起来心情很好，有什么开心的事吗？

小珍：我周末去逛街，买了很多新衣服，今天穿的这条裙子就是昨天新买的。

小静：这裙子可真漂亮！_____。

小珍：这条裙子小丽也有，她上周上班穿了，我觉得好看，就买了一条和她一样的。

小静：怪不得有点儿眼熟呢。

4. 一路顺风

对话情景：小兰和小红是大学舍友，快毕业了，两人在宿舍收拾行李，准备离校。

对话人物：小红和小兰

对话地点：宿舍

对话内容：

小兰：今天就要毕业了，我们朝夕相处了四年，真舍不得你。

小红：我也一样，时间过得太快了，入学的日子仿佛就在昨天，转眼已经过去四年了。

小兰：是啊，毕业以后我们一定要经常见面，有空儿的时候再一起回学校看看。

小红：没问题。我买了十点钟的火车票，现在已经九点了，我得出发去车站了。

小兰：好的，＿＿＿＿＿＿＿＿＿＿＿＿！

小红：再见！

5. 如愿以偿

对话情景：小李看到学校发布的知识竞赛报名通知，便和小林讨论起来。

对话人物：小李和小林

对话地点：宿舍

对话内容：

小李：学校最近要组织一场知识竞赛，你报名了吗？

小林：我还没想好，听说参加的人很多，竞争压力很大，我怕就算努力复习也不会获奖。

小李：你不试试怎么知道不会成功？不参加就一定不会获奖，但是＿＿＿＿＿＿＿＿＿＿＿＿＿＿＿＿＿＿＿＿＿＿＿。

小林：你说得有道理，我现在就去报名。

扫码看答案

10 第十课

1 生词表

1	顺理成章	shùnlǐ-chéngzhāng	write/do with good arrangement; follow as a matter of course
2	理直气壮	lǐzhí-qìzhuàng	one is assured and bold with justice
3	理所当然	lǐsuǒdāngrán	it goes without saying that
4	显而易见	xiǎn'éryìjiàn	obviously
5	天经地义	tiānjīng-dìyì	(in line with) the principles of heaven and earth—right and proper
6	约定俗成	yuēdìng-súchéng	established by popular usage
7	众所周知	zhòngsuǒzhōuzhī	as is known to all

8	岂有此理	qǐyǒucǐlǐ	outrageous
9	无可厚非	wúkěhòufēi	give no cause for criticism
10	重中之重	zhòng zhōng zhī zhòng	top priority
11	至关重要	zhìguān-zhòngyào	be of great importance
12	当务之急	dāngwùzhījí	urgent matter
13	微不足道	wēibùzúdào	negligible
14	无足轻重	wúzú-qīngzhòng	be of little importance
15	无关紧要	wúguān-jǐnyào	insignificant

2 成语释义及例句

1	顺理成章	义	顺：依顺；理：条理；章：章法。写文章或做事顺着条理就能做好；也指某种情况合乎情理，自然产生某种结果。
		用	可做谓语、定语、状语，含褒义。
		例	• 他们俩大学时就在一起了，恋爱时间非常长，所以步入婚姻殿堂是顺理成章的事。 • 只有确保中心明确、材料丰富、事情的发展合乎逻辑，才能顺理成章地写出好作品。
2	理直气壮	义	直：正确，合理。理由充分，因而说话做事很有气势或心里无愧，无所畏惧。
		用	可做谓语、状语、定语，含褒义。
		例	• 在高铁上抽烟可能会引发火灾，如果发现这样的行为，我们应该理直气壮地加以制止。 • 他和妻子吵架时看起来一副理直气壮的样子，其实心里怕得不得了。
3	理所当然	义	当然：应该这样。从道理上说应当这样。
		用	可做谓语、定语、状语。
		例	• 我们应该学会感激别人的关心，不要把别人的帮助当作理所当然的事情。 • 老师希望学生考高分是理所当然的，但也不能只重视成绩，还要注意学生的身心健康。
4	显而易见	义	显：明显的。（事情、道理）非常明显，很容易看清楚。
		用	可做谓语、状语、定语。
		例	• 姐姐的情绪都写在脸上，通过表情就能显而易见地知道她的心情怎么样。 • 不同的复习方法对考试结果的影响显而易见。

第十课 10

5	天经地义		义 经、义：道理。指非常正确、不容怀疑的道理。 用 可做谓语、定语，含褒义。 例 • 在公交车上主动为老人和孕妇让座是天经地义的事。 • 真理也是随着社会的前进而发展变化的，世界上根本不存在什么天经地义、永远不变的事物或理论。
6	约定俗成		义 指某种事物的名称或社会习惯是由人们经过长期实践而认定或形成的。 用 可做谓语、定语。 例 • 握手已成为现代社交中约定俗成的礼仪。 • 成语的意义往往是约定俗成的，不能望文生义，只从字面上理解。
7	众所周知		义 众：大家。大家全都知道。 用 可做状语、定语。 例 • 众所周知，水对于人类是极其重要的，我们应该好好保护地球的水资源。 • 迈克尔·杰克逊是众所周知的流行音乐之王，他留下了许多经典的音乐作品。
8	岂有此理		义 岂：难道，表示反问。哪有这样的道理（对不合情理的事表示气愤）。 用 可做谓语。 例 • 他们为了自己的一点儿私利而损害大家的利益，真是岂有此理！ • 大家好心帮你，你倒说别人多管闲事，真是岂有此理！

101

9	无可厚非	义 厚：深重；非：非议，否定。不可过分指责，表示虽有缺点，但是可以理解或原谅。 用 可做谓语。 例 • 这是她第一次做饭，把饭煮糊了也无可厚非。 • 他虽然在工作中犯了一些错误，但这些年来为企业做出了很多贡献，我们继续支持他也是无可厚非的。
10	重中之重	义 重点中的重点，比喻十分重要。 用 可做主语、宾语。 例 • 各位家长尽可放心，孩子们在学校的安全问题一直都是我们工作的重中之重。 • 毫无疑问，经济建设肯定是国家发展的重中之重。
11	至关重要	义 至：极，最。相当重要，在紧要关头是不可缺少的，比喻最重要的。 用 可做谓语、定语。 例 • 当前，两支球队1:1打平，所以小明是否能踢进这一球至关重要。 • 父母的陪伴在孩子的成长过程中起着至关重要的作用。
12	当务之急	义 务：从事，致力。指当前急切应办的事。 用 可做主语、宾语。 例 • 小张马上就要工作了，他的当务之急是在公司附近租房子。 • 地震过后，当务之急是恢复人们的正常生活，下一步才是发展经济。

13	微不足道		义 微：微小；足：值得；道：谈起。非常小，不值得一提。 用 可做谓语、定语。 例 • 这家公司规模庞大，而我只是一个微不足道的小职员，谁都不认识我。 • 与群众的力量相比，个人的力量是微不足道的。
14	无足轻重		义 足：足以。指无关紧要，对全局的轻重不足以产生影响。 用 可做谓语、定语。 例 • 一滴水是无足轻重的，但是无数水滴聚在一起就能形成海洋。 • 对这里的居民来说，这家小店的倒闭无足轻重，因为这附近既有大型超市又有农贸市场，买东西非常方便。
15	无关紧要		义 紧要：急切的，重要的。不重要，不会影响大局。 用 可做谓语、定语。 例 • 这棵树龄一百多年的大树枝繁叶茂，掉几片小小的树叶无关紧要。 • 有人觉得把吃不完的饭菜倒掉无关紧要，但积少成多，这就是很大的浪费了。

3 练 习

一、根据意思写出成语

1. 理由充分，因而说话做事很有气势或心里无愧，无所畏惧。
2. (事情、道理)非常明显，很容易看清楚。
3. 指某种事物的名称或社会习惯是由人们经过长期实践而认定或形成的。
4. 大家全都知道。
5. 不可过分指责，表示虽有缺点，但是可以理解或原谅。
6. 指当前急切应办的事。
7. 不重要，不会影响大局。
8. 哪有这样的道理（对不合情理的事表示气愤）。
9. 从道理上说应当这样。

二、选出画线字在成语中的意思

1. 顺理成<u>章</u>（　　）
   A. 文章　　　　B. 章法　　　　C. 标志

2. 天<u>经</u>地义（　　）
   A. 经典　　　　B. 意义　　　　C. 道理

3. 无关<u>紧</u>要（　　）
   A. 关闭　　　　B. 急切的，重要的　　C. 轻松的

4. <u>微</u>不足道（　　）
   A. 微小　　　　B. 地位低　　　C. 稍微

5. 无可厚<u>非</u>（　　）
   A. 非议，否定　B. 非常　　　　C. 错误

6. <u>至</u>关重要（　　）
   A. 到　　　　　B. 极，最　　　C. 到底

第十课 10

三、选择合适的成语填空

（一） A. 顺理成章　B. 理直气壮　C. 无关紧要　D. 显而易见　E. 重中之重

1. 为了建成这所学校，李明忙前忙后，付出的时间和精力是最多的，大家选他当校长也是（　　）。
2. （　　），他的成功是由于长期的努力和坚持。
3. 我们自己先要以身作则，然后才能（　　）地指出别人的缺点。
4. 救助受灾群众是当前抗震救灾工作的（　　），也是灾后重建的前提和基础。
5. 父母去世后，子女继承父母的财产是（　　）的事。
6. 多年来，预防火灾一直是校园安全问题的（　　），但校园火灾还是时有发生。
7. 这种药的效果是（　　）的，吃完之后头一点儿也不疼了。
8. 你如果认为偷拿同学的钱是（　　）的小事，那你可要好好反思一下了。
9. 可怕的不是做错事情，而是做错了还（　　），把问题都推给别人。
10. 过去的事情都（　　）了，现在最重要的是你选择做一个什么样的人。

（二） A. 约定俗成　B. 众所周知　C. 岂有此理　D. 无可厚非　E. 理所当然

1. 大家好心好意帮你收拾东西，你却说别人多管闲事，真是（　　）！
2. 结婚是他们俩自己的事情，不跟其他人解释也是（　　）的。
3. （　　），小孩子吃东西不应该挑食，否则会导致营养不良。
4. 端午节吃粽子是中国（　　）的传统。
5. 你赢不了他是（　　）的事，因为他从很小的时候就开始练习滑冰了。
6. 超市里两块钱一瓶的水，在一些景区竟然卖到了20块，真是（　　）！
7. 我们应该好好保护地球上珍贵的动植物资源，这是一个（　　）的道理。
8. 晚饭后一起散步已经成了我们家（　　）的习惯。
9. 他硬要说自己的女朋友最美，那也（　　），毕竟他深爱着她。
10. 我们是班干部，以身作则、耐心帮助有困难的同学是（　　）的。

（三）　A. 至关重要　　B. 当务之急　　C. 天经地义　　D. 无足轻重　　E. 微不足道

1. 对于多数科学家来说，拥有足够的资金和设备是（　　）的。

2. 对于刚毕业的小王来说，（　　）是找到一份工作，自己养活自己。

3. 这点儿损失对一家大公司来说根本就（　　），没有太大影响。

4. 未来一段时间可能会持续缺水，这将在很大程度上影响到人们的生活，因此保护水资源是本地区工作的（　　）。

5. 尽管有几家工厂没有完成任务，但对全市经济来说（　　）。

6. 充足的睡眠对于身心健康是（　　）的。

7. 同学之间要团结，如果总是因为一些（　　）的事情吵架，很容易伤感情。

8. 不要把别人对你的帮助视为（　　）。

9. 他总是（　　）地认为自己比别人聪明。

10. 个人的痛苦在国家的苦难面前显得（　　）。

四、根据对话情景，用所给成语造句，将对话补充完整

1. 理所当然

对话情景：期末考试的成绩出来了，课间，小李和小林热烈地讨论起来。

对话人物：小李和小林

对话地点：教室

对话内容：

小李：你听说了吗？这次期末考试小王又是第一名，她也太厉害了！

小林：是吗？她已经连续三年都是第一名了，真不知道她是怎么做到的。

小李：她平时上课认真听讲，按时完成作业，又积极参加各种比赛，＿＿＿＿＿＿＿＿＿＿＿＿＿＿＿＿＿＿＿＿＿＿＿＿＿。

小林：你说得对，我们要向她学习。

第十课 10

2. 众所周知

对话情景： 马上就要放暑假了，小李和小林正在讨论暑假计划。

对话人物： 小李和小林

对话地点： 校园

对话内容：

小林：明天就要放暑假了，我打算回老家看望朋友。你有什么计划吗？

小李：我准备去北京旅游，你有什么推荐的景点和美食吗？

小林：故宫、长城、圆明园，这些都是非常著名的旅游景点，很值得去。你还可以尝尝北京烤鸭，_____。

小李：好，我一定去。

3. 岂有此理

对话情景： 小明生病了还在继续工作，小红发现后主动来关心他。

对话人物： 小红和小明

对话地点： 办公室

对话内容：

小红：小明，你看起来很虚弱，是生病了吗？

小明：是啊，我有点儿感冒，身体不太舒服。

小红：那你先别干了，请假回家休息吧。

小明：可是老板说我必须完成今天的任务才可以下班。

小红：生着病还要你继续工作，_____。你先回去吧，剩下的工作我来帮你做。

小明：太谢谢你了！等我病好了请你吃饭。

4. 当务之急

对话情景： 快期末考试了，为了让女儿考出好成绩，妈妈给她报了补习班。

107

对话人物：妈妈和女儿

对话地点：书房

对话内容：

妈妈：下周就要期末考试了，我给你报了周末的补习班，你记得去。

女儿：可是这周末我约了同学一起去游乐场。

妈妈：不行！马上就要期末考试了，_____，等考完试再去游乐场。

女儿：可是我已经跟朋友约好了，不去的话她会失望的。

妈妈：等考完试我带你们一起去，去游乐场、动物园或海洋馆都可以。

女儿：太好了！我跟朋友说一声，她应该会同意的。

5. 无关紧要

对话情景：在课堂复习环节，小李没有回答上来林老师的问题，下课后，林老师把小李叫到办公室了解情况。

对话人物：林老师和小李

对话地点：老师办公室

对话内容：

林老师：上课时问你的问题是我们上节课刚刚学过的，你为什么回答不上来呢？

小　李：上节课您讲了那么多知识点，我只有这一个不会，我觉得这是小问题，不会影响我的考试成绩的。

林老师：_____，如果每节课都有一个不懂的知识点，那么一学期下来就会有很多不懂的知识点，这就是大问题了。

小　李：我明白了，课堂上讲的每一个知识点都不应该忽视，这样才能取得理想的成绩。

扫码看答案

第十一课 11

① 生词表

1	耳目一新	ěrmù-yìxīn	find oneself in an entirely new world
2	不同寻常	bùtóng-xúncháng	extraordinary
3	史无前例	shǐwúqiánlì	without precedent in history
4	前所未有	qiánsuǒwèiyǒu	unprecedented
5	前无古人	qiánwúgǔrén	without parallel in history
6	独一无二	dúyī-wú'èr	unique
7	与众不同	yǔzhòng-bùtóng	be out of the usual

8	截然不同	jiérán-bùtóng	completely different
9	格格不入	gégé-búrù	be incompatible (with)
10	鹤立鸡群	hèlìjīqún	be the best of the bunch
11	脱颖而出	tuōyǐng'érchū	an awl's point sticks out through a bag—talent reveals itself

2 成语释义及例句

1	耳目一新	义 一：全，都。听到的看到的都换了样子，感觉很新鲜。 用 可做谓语、定语，含褒义。 例 • 小明和小红认认真真准备了两个月，儿童节时表演了一个让大家耳目一新的节目。 • 张三离家十多年后第一次回到家乡，家乡的巨大变化让他耳目一新。
2	不同寻常	义 和平常的事物不一样。 用 可做谓语、定语。 例 • 她相信自己总有一天能干出不同寻常的大事。 • 贾刚和张欣的婚礼不同寻常，他们没有在酒店办，而是在游船上举行的。
3	史无前例	义 历史上从来没有过（多指重大事件）。 用 可做谓语、状语、定语。 例 • 这次大地震造成了史无前例的伤亡。 • 第一颗卫星的成功发射是人类科技史上史无前例的伟大成就。
4	前所未有	义 历史上从来没有过。 用 可做谓语、定语。 例 • 小张在短跑比赛中取得了前所未有的好成绩，大家都为他感到高兴。 • 考上大学后，我觉得学习是件幸福的事情，这种感觉真是前所未有。

5	前无古人		义 前人从来没有做过；空前。 用 可做谓语、定语，含褒义。 例 • 农业的发展经历了复杂的过程，从手工到机器再到现在前无古人的高科技手段，都体现了时代的进步。 • 20世纪，我们创造出了许多像计算机、飞机这样的前无古人的奇迹。
6	独一无二		义 独：唯一。没有相同的；没有可以相比的。 用 可做谓语、定语。 例 • 鲁迅写了大量反映社会现实的文章，他在中国文学史上的地位是独一无二的。 • 每个人在世界上都是独一无二的。
7	与众不同		义 众：大家。和大家不一样。 用 可做谓语、定语。 例 • 今天的会议上，他的穿着与众不同，引起了大家的注意。 • 从他与众不同的解题思路中，我们可以看出他的聪明才智。
8	截然不同		义 截然：界限分明地。事物之间界限分明，全然不一样。 用 可做谓语、定语。 例 • 在童话世界中，白雪公主和灰姑娘的生活截然不同。 • 英语和汉语并非截然不同的两种语言，二者也有相同点。

第十一课

9 格格不入

义 格格：阻碍。彼此抵触，合不到一起。

用 可做谓语、定语。

例
- 别的同学在一起有说有笑，只有他一个人躲在一旁，显得有点儿格格不入。
- 格格不入的观念导致他们彼此很难产生感情。

10 鹤立鸡群

义 像鹤站在鸡群中一样，比喻一个人的才能或外表在一群人中显得很突出。

用 可做谓语、定语，含褒义。

例
- 老李的才干在公司里可以说是鹤立鸡群，但经理却不重用他，实在可惜。
- 今天的宴会上，女主人穿着一件华丽的衣服，给人以鹤立鸡群之感。

11 脱颖而出

义 颖：小而细长的东西的尖端。锥尖透过布袋显露出来，比喻人的才能全部显露出来。

用 可做谓语、定语，含褒义。

例
- 在激烈的竞争中，小张脱颖而出，赢得了最后的胜利。
- 作为一个平日里默默无闻的人，怎么才能脱颖而出、一举成名，是他一直思考的问题。

3 练习

一、根据意思写出成语

1. 没有相同的；没有可以相比的。
2. 事物之间界限分明，全然不一样。
3. 彼此抵触，合不到一起。
4. 像鹤站在鸡群中一样，比喻一个人的才能或外表在一群人中显得很突出。
5. 锥尖透过布袋显露出来，比喻人的才能全部显露出来。

二、选出画线字在成语中的意思

1. 截然不同（　　）
   A. 阻拦　　　　B. 割开　　　　C. 界限分明地
2. 脱颖而出（　　）
   A. 聪明的　　　B. 新颖的　　　C. 小而细长的东西的尖端
3. 独一无二（　　）
   A. 孤独　　　　B. 唯一　　　　C. 自私的
4. 格格不入（　　）
   A. 阻碍　　　　B. 表格　　　　C. 规格
5. 耳目一新（　　）
   A. 数词　　　　B. 全，都　　　C. 一样的

三、选择合适的成语填空

（一）A. 耳目一新　B. 不同寻常　C. 截然不同　D. 格格不入　E. 前无古人　F. 独一无二

1. 李明知道许多平常人不知道的事，去过很多个国家，他肯定有（　　）的经历。
2. 科学家认为，这是一项（　　）的技术，具有首创性、开拓性。

3. 小王子以为自己得到了世界上（　　　）的花，其实那只是一朵普通的花。
4. 这件艺术品的设计风格可以说（　　　）、后无来者。
5. 刘老师创作的音乐作品既保留了民族音乐的特点，又吸收了西方音乐的特点，听来令人（　　　）。
6. 小李不爱说话，与聚会上热闹的气氛（　　　）。
7. 小刚和小强虽然是兄弟，但是性格却（　　　）。
8. 小华在这所大学里度过了人生中（　　　）的一段时光。
9. 桂林的山与众不同，桂林的水（　　　），因此每年都有大批游客前去游玩。
10. 小张家楼下的饭馆最近重新装修了，顾客们觉得（　　　），饭馆的生意也越来越好。
11. 城市和乡村的生活是（　　　）的，乡村生活对很多城里人充满了吸引力。
12. 有些家长古板的思想和现代社会已经有些（　　　）了。

（二）A. 与众不同　B. 史无前例　C. 前所未有　D. 鹤立鸡群　E. 脱颖而出

1. 他们的表演十分精彩，在这次比赛中（　　　），给大家留下了深刻的印象。
2. 良好的外语能力足以让你从一群人中（　　　）。
3. 他站在人群之中，如（　　　）一般，让人一眼就看到了他。
4. 他这次不仅赢得了冠军，还打破了世界纪录，创造了（　　　）的好成绩。
5. 这家新餐厅的菜（　　　），独具特色。
6. 这次期中考试，小李同学（　　　），一举拿下了全班第一的好成绩。
7. 你自己选择了（　　　）的生活方式，又何必在乎别人用什么样的眼光来看你呢？
8. 我凭借自己的努力赢得了这个职位，它带给我（　　　）的喜悦，这是一种战胜自己的满足感。
9. 这次卫星的成功发射是中国科技史上（　　　）的伟大成就，必将载入史册。
10. 这个电视节目（　　　），全新的模式和风格一下子吸引了很多观众。

四、根据对话情景，用所给成语造句，将对话补充完整

1. 耳目一新

对话情景： 周一早上，小红顶着新发型来上班，引起了同事小明的注意。

对话人物： 小明和小红

对话地点： 办公室

对话内容：

小明：小红，你换新发型啦！怎么把头发剪得这么短？

小红：最近气温越来越高，长发太热，所以就去剪了短发。

小明：原来是这样，我觉得你的新发型很好看，之前你一直是长头发，＿＿＿＿＿＿＿＿＿＿＿＿＿＿＿＿。

小红：谢谢夸奖！

2. 不同寻常

对话情景： 小林正在宿舍看书，这时，满头大汗的舍友小李回来了。

对话人物： 小林和小李

对话地点： 宿舍

对话内容：

小林：你怎么出了这么多汗？

小李：天气太热了！我刚刚去了一趟超市，出了很多汗。

小林：都已经十月了，居然还这么热，＿＿＿＿＿＿＿＿＿＿＿＿＿＿＿＿。

小李：对啊，往年这个时候都要穿厚外套了，今年穿短袖还觉得热。

小林：我们把空调打开，凉快一下吧。

3. 格格不入

对话情景： 小张最近转学了，新环境让他很不适应。周末他约老同学小韩一起吃饭。

第十一课 11

对话人物：小张和小韩

对话地点：饭店

对话内容：

小张：新学校的环境虽然好，但我却觉得很陌生，而且身边一个朋友都没有，感觉自己很孤单。

小韩：怎么会这样呢？你性格开朗，我们大家都愿意跟你做朋友。

小张：我现在的同学学习都比我好，而且他们的穿着都很时尚，_____，我很担心自己交不到朋友。

小韩：你只是刚刚转入新学校还不适应，过段时间就会好起来的。你为什么不试试主动跟他们聊天儿呢？说不定他们也在等你先开口呢！

小张：你说得对，我应该主动点儿，这样才能交到朋友。

4. 截然不同

对话情景：新入职的小王工作总是不积极，这天他又迟到了，引起了同事小红和小明的不满。

对话人物：小明和小红

对话地点：办公室

对话内容：

小明：小王在吗？我有份文件要交给他整理。

小红：小王还没来。我们八点上班，现在已经八点半了，他这星期已经迟到三次了。

小明：上次我让他做的工作也没有按时完成，我催了两次他才交给我。

小红：真不知道当初招聘的时候为什么会选中他。

小明：当初面试的时候他可积极了，_____，说自己从来不迟到，工作也特别认真负责，谁知道会是现在这个样子。

117

5. 脱颖而出

对话情景：小李在操场跑步时碰到了小林，于是两人聊起天儿来。

对话人物：小李和小林

对话地点：学校操场

对话内容：

小李：小林，好巧呀！你也来操场跑步。

小林：对啊，我最近每天都来跑步。我报名参加了下个月的运动会，想在比赛前多练习练习。

小李：你报了什么项目呀？

小林：我报了 3000 米，压力还挺大的，不知道自己能不能拿到好成绩。

小李：放心吧，你平时经常锻炼，＿＿＿＿＿＿＿＿＿＿＿＿＿，我们到时候都会给你加油的！

小林：谢谢你的鼓励，我一定不会让大家失望的。

扫码看答案

第十二课 12

1 生词表

1	实话实说	shíhuà-shíshuō	speak frankly
2	抑扬顿挫	yìyáng-dùncuò	in cadence
3	头头是道	tóutóu-shìdào	clear and logical
4	绘声绘色	huìshēng-huìsè	vivid
5	有声有色	yǒushēng-yǒusè	full of sound and colour—vivid and dramatic
6	出口成章	chūkǒu-chéngzhāng	speak beautifully
7	引经据典	yǐnjīng-jùdiǎn	quote the classics

8	滔滔不绝	tāotāo-bùjué	speak unceasingly
9	夸夸其谈	kuākuā-qítán	talk excitedly and boastfully
10	赞不绝口	zànbùjuékǒu	be full of praise
11	赞叹不已	zàntàn-bùyǐ	highly praise

第十二课 12

2 成语释义及例句

1	实话实说	义 用直接的方法讲出真实情况。 用 可做状语、谓语，含褒义。 例 • 实话实说，我认为打架不是个好主意，我们可以用更好的办法解决目前的问题。 • "我承认自己很胆小，天太黑了，我要找个人和我一起去实验室。"她实话实说。
2	抑扬顿挫	义 抑：降低；扬：升高；顿：停顿；挫：转折。形容声音高低起伏，曲折多变。 用 可做状语、定语、补语，含褒义。 例 • 两位主持人抑扬顿挫地朗读着这篇文章，听众们都被他们的声音吸引了。 • 李老师讲课时总是非常有感情，她抑扬顿挫的语调深深地吸引着我们。
3	头头是道	义 道：道理。形容说话或做事很有条理。 用 可做谓语、状语、补语，含褒义。 例 • 对于这种异常现象，老师说得头头是道，解开了我们的疑惑。 • 别看他小小年纪，说起话来却头头是道，一听就是受过专门训练的。
4	绘声绘色	义 绘：画，描画。形容叙述、描写生动逼真。 用 可做状语、补语、定语，含褒义。 例 • 王老师把故事讲得绘声绘色，小朋友们专心地听着，教室里鸦雀无声。 • 今天我们全班到古寺游玩，听着导游绘声绘色的讲解，我们对寺庙建筑有了一定的了解。

121

5	有声有色		义 形容表现得十分生动。
			用 可做状语、补语、定语，含褒义。
			例 • 他们俩的相声表演得有声有色，台下的观众又是鼓掌又是大笑。
			• 吃饭时，小张有声有色地给大家讲了武松打虎的故事，周围的人听得饭都忘了吃。
6	出口成章		义 章：文章。话说出来就是一篇文章，形容文思敏捷，口才好。
			用 可做定语、谓语，含褒义。
			例 • 这个小男孩儿虽然只有八岁，却能背诵几百首古诗，说起话来也是出口成章。
			• 从一个内向的男生到出口成章的金牌销售，小张的成功让我们看到了一个人的潜能是巨大的。
7	引经据典		义 引：引用；据：按照。引用经典中的语句或故事。
			用 可做谓语、定语、状语。
			例 • 他在文章中引经据典，有力地证明了自己的观点。
			• 他喜欢引经据典地阐明某个观点，这样更有说服力。
8	滔滔不绝		义 滔滔：形容水流不断；绝：穷尽。形容像流水那样连续不断，多指话很多，说起来没完。
			用 可做状语、定语。
			例 • 他一打开话匣子就滔滔不绝地说个没完，根本不在乎听话人的感受。
			• 在谈判桌上，有时候沉默不语比滔滔不绝更有力量，也更能达到目的。

第十二课 12

9	夸夸其谈	义	夸：夸大，浮夸。说话或写文章浮夸，不切实际。
		用	可做状语、定语、主语，含贬义。
		例	• 在和同学的聚会中，小张夸夸其谈地说着各种国家大事。 • 比起夸夸其谈的人，她更喜欢踏实做事的人。
10	赞不绝口	义	赞：称赞。赞美的话说个不停，形容对人或事物十分赞赏。
		用	可做谓语，含褒义。
		例	• 小赵在计算机大赛中的精彩表现令各位指导老师赞不绝口。 • 全班同学对李明助人为乐的行为赞不绝口。
11	赞叹不已	义	已：停止。连声赞赏不止。
		用	可做谓语、状语，含褒义。
		例	• 今天的音乐会非常精彩，尤其是那个小女孩儿的表演，让大家赞叹不已。 • 火红的太阳缓缓沉入深蓝色的大海，这样的落日美景令游客们赞叹不已。

3 练习

一、根据意思写出成语

1. 用直接的方法讲出真实情况。
2. 话说出来就是一篇文章，形容文思敏捷，口才好。
3. 形容说话或做事很有条理。
4. 引用经典中的语句或故事。
5. 赞美的话说个不停，形容对人或事物十分赞赏。

二、选出画线字在成语中的意思

1. 滔滔不<u>绝</u>（   ）
   A. 穷尽　　　　B. 绝对　　　　C. 最、极
2. 赞叹不<u>已</u>（   ）
   A. 已经　　　　B. 停止　　　　C. 从前
3. 出口成<u>章</u>（   ）
   A. 文章　　　　B. 条理　　　　C. 章程
4. <u>引</u>经据典（   ）
   A. 吸引　　　　B. 引用　　　　C. 离开
5. <u>抑</u>扬顿挫（   ）
   A. 强迫　　　　B. 抑郁　　　　C. 降低

三、选择合适的成语填空

（一）A. 实话实说　B. 抑扬顿挫　C. 头头是道　D. 赞叹不已　E. 有声有色　F. 出口成章

1. 我没有通过这门课的考试，可因为怕父母失望，我没敢对他们（   ）。
2. 朗读课文时不但要声音响亮，还要注意语调上的（   ）。
3. 谷爱凌在滑雪比赛中的高难度动作令电视机前的观众（   ）。

4. 妈妈（　　）地给女儿讲着童话故事，小姑娘听得津津有味。

5. 他的解释（　　），我们丝毫没有觉察到有什么不对的地方。

6. 一个人如果能够（　　），就说明他有深厚的文化功底。

7. 主持人总是特别注意语调的（　　），因为这样的发音标准、清楚，方便大家理解。

8.（　　），我很欣赏你的性格，非常愿意和你做好朋友。

9. 他虽然说得（　　），但是不知道将来能否实现。

10. 学校一直非常注重学生口头表达能力的培养，因此有不少学生都能（　　）。

11. 这次运动会举办得（　　），学生和家长都十分满意。

12. 他的体育场设计方案非常独特，令在座的评委老师（　　）。

（二）A. 引经据典　B. 滔滔不绝　C. 夸夸其谈　D. 赞不绝口　E. 绘声绘色

1. 这个骄傲的年轻人在经验丰富的老人面前（　　），大家都不太喜欢他。

2. 这位老师在课堂上不但很幽默，而且每一个细节都可以（　　）地给大家描述出来。

3. 尽管这位演讲者（　　），列举了古今中外的很多例子，但是大家仍然不支持他的看法。

4. 这个推销员口才真好，（　　）地讲了一个多小时，说服了好几个顾客买下了他的产品。

5. 大卫对自己在中国吃过的新奇食物（　　）。

6. 这篇文章之所以能成为经典，是因为作者大量地（　　），文中的观点令人信服。

7. 这场演出的每一个细节都很完美，观众们一个个（　　）。

8. 我们要多干实际的事，拒绝（　　），只有这样才能做出成绩。

9. 小红下了课说起话来（　　），可是课堂上却不好意思举手发言。

10. 今天大家轮流上台讲故事，班长讲得（　　），大家都为他鼓掌叫好。

四、根据对话情景，用所给成语造句，将对话补充完整

1. 实话实说

对话情景： 考试成绩出来了，小李没有考好。回家的路上，失落的小李和小林聊起天儿来。

对话人物： 小李和小林

对话地点： 回家路上

对话内容：

小李：这次考试没有考好，我妈妈知道了一定又要生气了。

小林：一次没考好不代表你平时没有好好学习，放轻松，不要有压力。

小李：可是我答应过妈妈，这次一定要拿到一个满意的分数。

小林：要不你先别把这次的成绩告诉她，等下次取得了理想的分数再和她说。

小李：_____，我不想骗她。

2. 抑扬顿挫

对话情景： 朗诵比赛结束了，原本信心满满的小李没能拿到第一名。失落的他找到林老师，希望得到老师的指导。

对话人物： 林老师和小李

对话地点： 林老师办公室

对话内容：

小　李：老师，为了这次朗诵比赛能拿第一名，我准备了很久，而且我觉得自己比赛时表现得很好，可为什么成绩却不理想呢？

林老师：你表现得确实不错，声音很响亮，发音也很清楚，_____。

小　李：我不太明白，怎样朗读才能做到抑扬顿挫呢？

林老师：你的声音要有高低起伏的变化，要有节奏，有停顿，光把字音读准读对是不够的。

小　李：谢谢老师，我懂了。我回去后一定好好练习，争取下次比赛拿到第一名。

3. 头头是道

对话情景：小李的火车晚点了，着急的他正在向工作人员询问原因。

对话人物：小李和工作人员

对话地点：火车站

对话内容：

小　　李：你好，请问六点去广州的火车什么时候发车？

工作人员：这趟火车晚点了三个小时，大概会在今晚九点发车。

小　　李：怎么会延误这么久？

工作人员：实在不好意思，受台风影响，路上很多地方都下起了大雨。雨天行驶很危险，我们也是为了乘客的安全着想。

小　　李：_____，那我就多等三个小时吧。

工作人员：感谢您的理解。

4. 绘声绘色

对话情景：老师布置了一项作业，小李不知道该如何完成，吃饭的时候便和小林聊起了这件事。

对话人物：小李和小林

对话地点：学校食堂

对话内容：

小李：上节课老师布置了一个作业，让我们介绍一下北京故宫。可我都没去过故宫，不知道这个作业要怎么完成。

小林：故宫又叫紫禁城，有四个大门，相传一共有9999.5间房，是中国古代的皇宫，在1987年被列为世界文化遗产。

小李：你怎么对故宫这么了解呀？

小林：上个月我去北京旅游，正好参观了故宫，_____，所以我才对故宫有了一些了解。

5. 滔滔不绝

对话情景：小李拜托小林帮自己买午饭，但小林过了很久都没回来。一小时后，小林终于回来了。

对话人物：小李和小林

对话地点：宿舍

对话内容：

小李：你怎么去了这么久？我都饿坏了。

小林：去买饭的路上碰到一个朋友，和他聊了一会儿，所以回来晚了，真对不起！

小李：你们聊了什么呀？居然能聊这么久！

小林：我刚出宿舍不久就看见了他，本来只是想和他打个招呼，谁知他_____，我不好意思打断他，所以一直听他说完才离开。

扫码看答案

第十三课 13

① 生词表

1	七嘴八舌	qīzuǐ-bāshé	all talking at the same time
2	沸沸扬扬	fèifèiyángyáng	bubbling with noise
3	相提并论	xiāngtí-bìnglùn	mention in the same breath
4	脱口而出	tuōkǒu'érchū	blurt out
5	有口无心	yǒukǒu-wúxīn	say what one does not really mean
6	自言自语	zìyán-zìyǔ	talk to oneself
7	一言不发	yìyán-bùfā	not say/utter a word

8	一声不吭	yìshēng-bùkēng	say nothing at all
9	无可奉告	wúkěfènggào	have nothing to say
10	无论如何	wúlùn-rúhé	anyway
11	总而言之	zǒng'éryánzhī	all in all
12	一概而论	yígài'érlùn	treat (different matters) as the same

2 成语释义及例句

1	七嘴八舌		义 你一句我一句纷纷插言,形容人多嘴杂,也形容饶舌、多嘴。 用 可做状语。 例 • 听了这次晚会的节目安排,大家七嘴八舌地讨论了一个下午。 • 风筝挂到了树上,大家站在树下七嘴八舌地乱出主意,只有小李默默找来一根树枝挑下了风筝。
2	沸沸扬扬		义 像开了的水一样热闹,多形容议论纷纷。 用 可做谓语、补语、状语。 例 • 外面闹得沸沸扬扬,这里却是风平浪静,一点儿也没受影响。 • 老师的话刚说完,大家就沸沸扬扬地讨论起来。
3	相提并论		义 论:看待。把不同的或相差很大的人或事物混在一起来谈论或看待。 用 可做谓语,多用于否定句中。 例 • 这两个国家的经济水平相差很大,不能相提并论。 • 这两篇文章虽然题目相同,但内容完全不同,不能相提并论。
4	脱口而出		义 脱:离开。不加思考,随口说出。 用 可做谓语、定语、状语。 例 • 因为课前预习过了,所以老师提问时我都能脱口而出地回答上来。 • 他文学基础好,平时说话名人名言常常脱口而出。

5	有口无心		义 嘴上说了，心里却没那样想。多指话虽不好听，却并无恶意。 用 可做谓语、定语、状语。 例 • 有时候我有口无心地说了一句话就被别人误解，心里会郁闷很久。 • 他一着急，说话就会伤人，但其实都是有口无心的。
6	自言自语		义 自己跟自己说话；独自低声说话。 用 可做谓语。 例 • 他性格内向，不喜欢和别人交流，经常一个人自言自语。 • 小明总是自言自语，不知道有什么心事。
7	一言不发		义 发：说。一句话也不说。 用 可做谓语、状语。 例 • 我们都觉得奇怪，小王平常那么活泼，为什么今天却一言不发？ • 他一言不发地低着头，好像在思考什么事情。
8	一声不吭		义 一直沉默不语，一句话也没有说过。 用 可做谓语、状语。 例 • 虽然这件事责任并不在他，但面对老师的批评，他一声不吭，什么也没说。 • 尽管腿上的伤非常疼，但他还是一声不吭地坚持完成了比赛。

第十三课

9	无可奉告		义 没有什么可以告知的。 用 可做谓语，一般在拒绝回答问题时使用，多用于外交或公众场合。 例 • 我们可以全面配合他们的调查，但是其他事情无可奉告。 • 有关部门说，关于这次交易的细节无可奉告，可是我们还是很好奇。
10	无论如何		义 不管怎么样，表示不管条件怎样变化，其结果始终不变。 用 可做状语。 例 • 无论如何，明天的比赛我们一定要赢。 • 如果不深入生活，只关在屋里凭空想象，那是无论如何也写不出好作品的。
11	总而言之		义 总括起来说。 用 可做状语。 例 • 总而言之，全社会都应该关注环保的问题。 • 我觉得想要学好外语就要多听、多说、多用，总而言之，多用外语交流对提高口语表达能力是十分有用的。
12	一概而论		义 一概：用同一个标准来衡量。用同一标准来对待或处理。 用 可做谓语、状语，多用于否定句中。 例 • 不同地区的经济发展情况不同，我们要考虑地区差异，不能一概而论地讨论各地工资的高低。 • 不同的人有不同的处事方式，不能一概而论。

3 练习

一、根据意思写出成语

1. 不管怎么样，表示不管条件怎样变化，其结果始终不变。
2. 总括起来说。
3. 用同一标准来对待或处理。
4. 把不同的或相差很大的人或事物混在一起来谈论或看待。
5. 像开了的水一样热闹，多形容议论纷纷。

二、选出画线字在成语中的意思

1. 一言不<u>发</u>（　　）
   A. 发现　　　　B. 说　　　　C. 发明
2. <u>脱</u>口而出（　　）
   A. 失去　　　　B. 掉落　　　　C. 离开
3. 一<u>概</u>而论（　　）
   A. 大概　　　　B. 一律　　　　C. 用同一个标准来衡量
4. 相提并<u>论</u>（　　）
   A. 看待　　　　B. 观点　　　　C. 依据

三、选择合适的成语填空

（一）A. 七嘴八舌　B. 沸沸扬扬　C. 相提并论　D. 脱口而出　E. 有口无心　F. 一声不吭

1. 面对突如其来的打击，他咬紧牙关，（　　）地承受下来，展现出了坚强的意志。
2. 你已经学了十多年汉语了，而他刚学两个月，你们的语言水平当然不能（　　）。
3. 同学们围着老师（　　）地发表意见，希望运动会上能多设计一些有趣的活动。
4. 杜丽说："我后来意识到她确实是（　　），她并不知道'二百五'这个词在汉语中的含义。"

5. 面对那张熟悉的面孔，我（　　　）："您是当年帮助过我的王叔叔！"

6. 小明受伤了，医生给他包扎时，他（　　　），表现得十分坚强。

7. 他是个直来直去的人，说话（　　　），经常得罪人。

8. 这两个班的学生成绩差距很大，所以不能把他们（　　　）。

9. 小罗和小张分手的事在单位闹得（　　　），同事们私下里都在议论。

10. 大家（　　　）地向老师汇报自己假期的学习情况，老师都不知道该先听谁说才好。

11. 情急之下，一句脏话（　　　），在场的人都向他投去了异样的眼光。

12. 那家大公司竟然销售假货，这一消息已经在网上（　　　）地传开了。

（二）A. 一言不发　B. 无可奉告　C. 无论如何　D. 自言自语　E. 一概而论　F. 总而言之

1. 关于公司存在的问题，我（　　　），你就不要再问了。

2. （　　　），你这次考试不及格的原因就是没有用心复习。

3. 每次数学考试前，我都会（　　　）地说："这次一定要考到90分。"

4. 如果没有老师的帮助，我（　　　）都不可能找到这么好的工作。

5. 老板提出了一个想法让大家讨论，没想到大家都沉默着，（　　　）。

6. 随便使用别人的东西是非常不礼貌的行为，不过有时候确实情况紧急，不能（　　　）。

7. （　　　），这是一本容易理解的物理入门书，很适合你这样的初学者阅读。

8. 每次我想问问公司产品的销售情况时，他总跟我说（　　　）。

9. 传统文化有进步的，也有落后的，我们要全面看待，不能（　　　）。

10. 上课时他总是（　　　），十分害羞。

11. 大妈的钱包掉了，她边找边（　　　）："到哪儿去了呢？真是急死人了！"

12. 如果上课不好好听讲，那你（　　　）也不可能学好汉语。

四、根据对话情景，用所给成语造句，将对话补充完整

1. 七嘴八舌

对话情景：课堂上，老师和同学们正在讨论下周班级活动的安排。

对话人物：老师和学生

对话地点：教室

对话内容：

老　师：同学们，我们下周要举办一次班级活动，大家有什么好的建议？

学生1：我们可以组织一个趣味运动会，安排一些有趣的小游戏，大家肯定都会积极参与的。

学生2：但是我不想运动，我可以表演唱歌。

学生3：这样吧，我们可以在运动会的基础上加个才艺表演，让每个人展示自己的特长。

学生4：对，这样大家都能参与进来，有才艺的展示才艺，没才艺的就比比体力。

班　长：＿＿＿＿＿＿＿＿＿＿＿＿＿＿＿＿，老师什么都听不清，一个一个来。

老　师：好，那就班长先说吧！

2. 有口无心

对话情景：小林数学成绩不好，放学后，小李留下来辅导他。

对话人物：小林和小李

对话地点：教室

对话内容：

小林：这道题好难呀，你能给我讲讲吗？

小李：我看看。老师上课时不是讲过这道题了吗？

小林：我上课时一不小心走神了。

小李：我再给你讲一遍吧。……听懂了吗？

小林：嗯……不好意思，我还是有些不理解。

第十三课

小李：你怎么这么笨呀？是不是又走神了？

小林：对不起，我是不是真的不太聪明？

小李：算了，_____，我也向你道歉。我再讲一遍吧。

3. 一言不发

对话情景：课间休息时，同学们都在聊天儿，只有班长一个人默默坐着。

对话人物：小李和小林

对话地点：教室

对话内容：

小李：平时班长一下课就十分活跃，_____。

小林：我听说他妈妈好像生病了，他心里应该很难受。

小李：原来如此，怪不得他今天都不讲话，我逗他笑，他也没有反应。

小林：平时班长也很照顾我们，不如放学后我们一起去看望他妈妈吧。

小李：好呀，我们买点儿水果过去。

4. 无论如何

对话情景：操场上，小林和小李正在讨论是否参加学校的篮球比赛。

对话人物：小林和小李

对话地点：操场

对话内容：

小林：我在考虑要不要参加学校的篮球比赛，毕竟我们班整体实力相对较弱。

小李：篮球比赛是一个很好的机会，即使输了，我们也能从中学到很多东西。

小林：你说得对，参加比赛也是一种锻炼，能让我们变得更强。

小李：嗯，_____。

小林：好，那咱们就报名参赛吧！

小李：一起努力，我们一定能取得好成绩！

5. 一概而论

对话情景：在放学回家的路上，小林和小李正在讨论某个同学的表现。

对话人物：小林和小李

对话地点：学校附近的马路

对话内容：

小林：你知道吗？我觉得李明的学习真的很差，他好像什么都不会。

小李：可是他上周参加了篮球比赛，打得可好了。

小林：那又怎样？学习是最重要的，他的成绩就是不行。

小李：或许他在学习方面确实有点儿落后，_____。

小林：嗯，你说得也对。我应该更全面地看待他，不能只关注学习一个方面。

小李：是啊，每个人都有自己的闪光点和不足。我们不能只关注成绩，而忽略了他在其他方面的优点。

扫码看答案

第十四课 14

1 生词表

1	交头接耳	jiāotóu-jiē'ěr	whisper to each other
2	左顾右盼	zuǒgù-yòupàn	glance right and left
3	东张西望	dōngzhāng-xīwàng	gaze around
4	欢声笑语	huānshēng-xiàoyǔ	cheers and laughter
5	张灯结彩	zhāngdēng-jiécǎi	be decorated with lanterns and coloured streamers
6	熙熙攘攘	xīxī-rǎngrǎng	bustling with activity
7	不亦乐乎	búyìlèhū	isn't it a pleasure?

8	哄堂大笑	hōngtáng-dàxiào	the whole room rocking with laughter
9	鸦雀无声	yāquè-wúshēng	not even a crow or sparrow can be heard—silence reigns
10	乱七八糟	luànqībāzāo	in an awful mess
11	一塌糊涂	yìtāhútú	in a complete mess
12	一干二净	yìgān-èrjìng	completely

2 成语释义及例句

1	交头接耳		义 交头：头挨着头。彼此在耳朵边低声说话。 用 可做谓语、定语。 例 • 数学课上总有交头接耳的同学不认真听讲，张老师很生气。 • 考试时绝对不允许交头接耳，因为这违反了考试纪律。
2	左顾右盼		义 顾：转过头看，看；盼：看。向左右两边看。 用 可做谓语、状语。 例 • 小红在人群中左顾右盼，等待着好朋友的出现。 • 小朋友左顾右盼地看着儿童乐园的一切，感到十分新鲜。
3	东张西望		义 张、望：看。东看看，西看看。形容向四周观看寻找。 用 可做谓语、状语。 例 • 第一次来北京的小张十分好奇，一路上东张西望，结果和朋友走散了。 • 小明上课时总是东张西望，不认真听讲，老师为此批评过他很多次。
4	欢声笑语		义 欢笑的声音和话语。 用 可做宾语、主语，含褒义。 例 • 春节期间，大街上到处都是人们的欢声笑语。 • 我非常怀念充满欢声笑语的童年时光。

5	张灯结彩		义 张：陈设，挂；结：系。张挂彩灯、彩带等，形容场面喜庆、热闹。 用 可做谓语、定语，含褒义。 例 • 新年快到了，家家户户都张灯结彩，迎接新年的到来。 • 六一儿童节那天，教室里张灯结彩，同学们开心地表演着各种节目。
6	熙熙攘攘		义 熙熙：和乐的样子；攘攘：纷乱的样子。形容人来人往，非常热闹。 用 可做谓语、定语。 例 • 一到周末和节假日，热门景点就熙熙攘攘，十分热闹。 • 早上，老人们喜欢在小区旁边熙熙攘攘的菜场里选购新鲜的蔬菜。
7	不亦乐乎		义 亦：也。原义是"不也是很快乐的吗？"现常用在"得"后，表示程度深。 用 可做补语，含诙谐意味。 例 • 孩子们要回家过年了，父母开始准备各种好吃的，忙得不亦乐乎。 • 晚会上，孩子们做灯笼、猜灯谜，玩得不亦乐乎。
8	哄堂大笑		义 形容全屋子的人同时大笑。 用 可做谓语、补语。 例 • 他觉得自己讲的话很幽默，看到观众哄堂大笑，他就更加得意了。 • 老师在课堂上讲的故事生动、幽默，引得大家哄堂大笑。

9	鸦雀无声		义 连乌鸦、麻雀的声音都没有，形容非常安静。 用 可做谓语、定语。 例 • 太阳落山后，树林里鸦雀无声，一片寂静。 • 铃声响起，教室里立刻鸦雀无声，同学们安静地等待着老师讲课。
10	乱七八糟		义 形容混乱；乱糟糟的。 用 可做谓语、补语、定语，含贬义。 例 • 小明的桌子上总是堆满了乱七八糟的东西。 • 小张的书被妹妹涂得乱七八糟，很多字都看不清了。
11	一塌糊涂		义 乱到不可收拾；糟到不可收拾。 用 可做谓语、补语、定语，含贬义。 例 • 爸爸妈妈不在家的时候，弟弟把屋里弄得一塌糊涂。 • 他失业后整天就是混日子，生活简直一塌糊涂。
12	一干二净		义 形容十分彻底，一点儿也不剩。 用 可做补语、定语。 例 • 他又累又饿，不一会儿就将两碗面条和一个面包吃得一干二净。 • 看着打扫得一干二净的房间，我的心情舒畅极了。

3 练 习

一、根据意思写出成语

1. 彼此在耳朵边低声说话。
2. 欢笑的声音和话语。
3. 形容混乱；乱糟糟的。
4. 形容全屋子的人同时大笑。
5. 形容人来人往，非常热闹。
6. 乱到不可收拾；糟到不可收拾。

二、选出画线字在成语中的意思

1. <u>张</u>灯结彩（　　）
   A. 张开　　　　B. 看　　　　C. 陈设，挂

2. 交头接<u>耳</u>（　　）
   A. 头挨着头　　B. 同时掉头　　C. 头对着头

3. 左<u>顾</u>右盼（　　）
   A. 照顾　　　　B. 顾忌　　　　C. 转过头看，看

4. 东<u>张</u>西望（　　）
   A. 张开　　　　B. 看　　　　C. 挂起来

5. 熙熙<u>攘攘</u>（　　）
   A. 排除　　　　B. 纷乱的样子　　C. 抢夺

三、选择合适的成语填空

（一）A. 交头接耳　B. 熙熙攘攘　C. 东张西望　D. 乱七八糟

1. 王总开会时说："有意见就提出来，不要在下面（　　），小声议论。"
2. 他们一进门便（　　），对屋子里的装饰品感到非常好奇。

3. 小李以前作业写得（　　　）的，在老师的帮助下，现在已经好多了。

4. 新年快要到了，大街上（　　　），车水马龙，好不热闹！

5. 一只老鼠在洞口（　　　），确定房间里没有人之后，迅速跑进了厨房。

6. 开会时，小王和小李总喜欢坐在角落（　　　），很不尊重别人。

7. 在（　　　）的人流中，他一眼就看见了她，连忙挥手跟她打招呼。

8. 小明用了三天的时间，终于把（　　　）的拼图拼好了。

（二）　A. 张灯结彩　B. 左顾右盼　C. 不亦乐乎　D. 哄堂大笑

1. 这家店的早餐特别好吃，我每次路过的时候都能看到很多人排队，老板也忙得（　　　）。

2. 王大妈在村头（　　　），原来是她进城上大学的女儿今天要回来。

3. 今天是他结婚的好日子，家里（　　　），十分热闹。

4. 小李非要去台上讲话，结果一张口就说错了，教室里爆发出一阵（　　　）。

5. 同学们走了一天的路，实在太饿了，菜一上桌就吃得（　　　）。

6. 等车时，我在车站（　　　），期待45路公交车早点儿到来。

7. 在春节这样家家户户（　　　）的节日里，我不禁想起了远在家乡的亲朋好友。

8. 聚会时小明做了个非常奇怪的鬼脸，引得全屋人（　　　）。

（三）　A. 鸦雀无声　B. 欢声笑语　C. 一塌糊涂　D. 一干二净

1. 自从妻子去世后，他变得越来越消极，生活也（　　　）。

2. 虽然人很多，但图书馆里（　　　），每个人都在安静地看书、学习。

3. 他是个"月光族"，没有节约用钱的意识，每个月的工资都花得（　　　）。

4. 我们要加紧训练，不然在比赛中会输得（　　　）。

5. 面对老师的问题，教室里（　　　），没有一个人能答上来。

6. 昨天是小红18岁生日，她在（　　　）中度过了开心的一天。

7. 教学楼前的积雪被同学们打扫得（　　　），大家走起路来方便多了。

8. 他每次休假回家，妻子和孩子就很开心，屋子里总是充满（　　　）。

四、根据对话情景，用所给成语造句，将对话补充完整

1. 交头接耳

对话情景：期末考试时，小林的笔坏了，想向小李借一支。

对话人物：小林、小李、老师

对话地点：学校考场

对话内容：

小林：小李，我的笔不知道怎么回事，写不出来了，你可以借我一支吗？

小李：给你。

老师：同学们，＿＿＿＿＿＿＿＿＿＿＿＿＿，这是考场纪律。

小林：老师，我的笔坏了，想向同学借一支。

老师：笔坏了就举手，老师帮你处理，不要在考场上跟同学讲话。

小林：好的，老师，我下次注意。

2. 欢声笑语

对话情景：几个好朋友聚在一起，帮小明庆祝生日。

对话人物：小明、小红、小刚

对话地点：小明家

对话内容：

小明：谢谢大家今天来参加我的生日派对，真是太开心了！

小红：生日快乐！祝你事业有成，笑口常开！

小刚：生日快乐！希望你的生日愿望都能实现！

小明：谢谢大家！你们的祝福我都收到了，我真的很感动！

小红：今天晚上还有蛋糕和游戏，＿＿＿＿＿＿＿＿＿＿＿＿＿＿＿＿＿＿。

小明：好呀，和这么多好朋友在一起，感觉真幸福！

3. 不亦乐乎

对话情景：放寒假了，小林坐火车回家。快到家时，他给爸爸打了个电话。

对话人物：小林和爸爸

对话地点：火车上

对话内容：

小林：爸，我快到家了，还有一站。

爸爸：好的，下车后打个电话，我和你妈去接你。

小林：你们有没有给我准备好吃的？

爸爸：那还用说！我和你妈早早地就下班去买菜了，＿＿＿＿＿＿＿＿＿＿。

小林：太好啦！我要吃红烧鱼。

爸爸：你妈猜到你要吃鱼，早就买好啦！

4. 乱七八糟

对话情景：妈妈发现小林的房间很乱，便叫小林过来。

对话人物：小林和妈妈

对话地点：小林的房间

对话内容：

妈妈：小林，你给我过来！

小林：怎么了，妈妈？我电视还没看完呢。

妈妈：看看你的房间，太乱了！衣服随便丢在床上，＿＿＿＿＿＿＿＿＿＿。

小林：（挠挠头）不好意思，妈妈，我就是随手一放，没想到这么乱。

妈妈：这样可不行，你看其他房间多整洁。你要养成随手收拾的好习惯。

小林：知道了，妈妈，我现在就收拾。

5. 一干二净

对话情景：寒假期间，小李给小林打了个电话，向他询问小组作业的事。

对话人物：小李和小林

对话地点：小李家

对话内容：

小李：小林，组长分配给你的任务做完了吗？

小林：什么任务呀？我们不是没有寒假作业吗？

小李：就是我们小组的参赛任务呀！你忘了吗？

小林：哎呀，我一放假就光想着玩了，_____。你这么一说，我才想起来。

小李：现在还有时间，赶紧做吧。

小林：好的，谢谢你的提醒。

扫码看答案

第十五课 15

成语故事二则及综合练习

愚公移山

1	愚公移山	**义** 指做事有毅力，有恒心，不怕困难。 **用** 可做主语、定语，含褒义。 **例** • 面对这个前所未有的挑战，他发挥愚公移山的精神，不轻易放弃，最终取得了成功。 • 我们要学习愚公移山的精神，不畏艰难，坚持不懈地追求自己的目标。

❶ 课　文

古代有个名叫愚公的人，将近九十岁了。他家门前有两座大山挡住了路，出去回来都要绕很远的路。于是愚公集合全家人商量说："咱们一起把门前的两座大山铲掉，以后出门就不用绕那么远的路了，怎么样？"大家纷纷表示赞同。他的妻子提出疑问："凭你的力气，怎么可能铲得掉这么大的山呢？再说，挖下来的土和石头又放在哪里呢？"众人说："扔到海边。"

于是愚公率领儿孙中能挑担子的三个人上了山，他们挖石头、挖土，再运到海边。邻居家一个七八岁的男孩儿也蹦蹦跳跳地来帮忙。一个叫智叟的人讥笑愚公说:"你简直太愚蠢了!都这么大年纪了,剩下的力气连山上的一棵草都动不了,又怎么能把大山挖平呢?"愚公说:"你怎么连小孩儿都不如?即使我死了,还有儿子在呀;儿子又生孙子,孙子又生儿子;儿子又有儿子,儿子又有孙子。子子孙孙无穷无尽,可是山却不会增高变大,还怕挖不平吗?"智叟无话可答。

山神听说这件事后便报告了天帝,天帝被愚公的诚心感动,命令大力神的两个儿子把那两座山背走了。

2 生 词

1	愚公移山	yúgōng-yíshān	like the Foolish Old Man who removed the mountains —do seemingly impossible things with dogged perseverance and succeed eventually
2	挡	dǎng	to block
3	绕	rào	to detour
4	铲	chǎn	to shovel
5	赞同	zàntóng	to agree
6	凭	píng	to rely on
7	再说	zàishuō	what's more
8	挖	wā	to excavate
9	众人	zhòngrén	the multitude
10	扔	rēng	to throw

11	率领	shuàilǐng	to lead
12	儿孙	érsūn	descendants
13	担子	dànzi	burden
14	运	yùn	to transport
15	蹦蹦跳跳	bèngbèngtiàotiào	to bounce about
16	智叟	zhìsǒu	the Wise Old Man
17	讥笑	jīxiào	to sneer
18	愚蠢	yúchǔn	stupid
19	剩下	shèngxia	remaining
20	即使	jíshǐ	even though
21	无穷无尽	wúqióng-wújìn	endless
22	增高	zēnggāo	to rise
23	山神	shānshén	mountain god
24	天帝	tiāndì	the emperor of heaven
25	诚心	chéngxīn	sincerity
26	命令	mìnglìng	to command
27	大力神	dàlìshén	man of unusual strength

朝三暮四

2 朝三暮四	义 朝：早晨；暮：傍晚。原指聪明人善于使用手段，愚笨的人不善于辨别事情，后用来比喻常常变卦，反复无常。 用 可做谓语、定语、状语，含贬义。 例 • 杰克想学一门外语，可是他朝三暮四，刚学了几天汉语，又去学日语，结果哪种外语都没学会。 • 小明总是朝三暮四，干了一段快递员的工作后，又去开出租车，可没有一份工作能做长久。

1 课文

　　从前有个老人养了一大群猴子。他每天都和猴子在一起，相处时间长了，他能明白猴子们的心意，猴子们也知道他在想什么。

　　为了养好猴子，这位老人甚至把全家人的口粮省下来喂猴子。但是过了一段时间，家里实在没什么吃的了，他不得不少喂猴子一些。他怕猴子生气，就先对猴子说："我早上给你们三颗橡子，晚上四颗，这样够吗？"猴子们觉得太少，都气得跳了起来。过了一会儿，他又说："这样吧，以后我早上给你们四颗橡子，晚上三颗，这样够吗？"猴子们听后都安静地趴下来，觉得很满意。

2 生 词

1	朝三暮四	zhāosān-mùsì	blow hot and cold
2	猴子	hóuzi	monkey
3	心意	xīnyì	mind
4	口粮	kǒuliáng	grain ration
5	颗	kē	*usually for things small and roundish*
6	橡子	xiàngzǐ	acorn
7	趴	pā	to crouch

综合练习

（9—14课）

一、判断下列成语的使用是否正确

1. 熙熙攘攘的学生看到老师走进教室里，顿时鸦雀无声了。（　　）
2. 成绩好的学生也会有缺点，成绩差的学生也会有优点，一概而论，我们不要只关注成绩的好坏。（　　）
3. 你不要在长辈说话时七嘴八舌地插嘴。（　　）
4. 产品研发问题关系到公司的机密，无可奉告大家。（　　）
5. 王老师学识渊博，上课时引经据典、夸夸其谈的讲解吸引着每一位同学。（　　）
6. 这部电影绘声绘色地讲述了地球受到撞击后人类的生活。（　　）
7. "啃老族"认为子女花父母的钱是天经地义的。（　　）
8. 他毕业后就进入了这家公司，不过还格格不入这个公司的环境。（　　）
9. 他只是个替补运动员，没想到却在这次比赛中脱颖而出。（　　）
10. 毕业多年后，他竟然在国外与老同学萍水相逢了。（　　）
11. 你看那个人东张西望地注视着，看起来好像要做坏事。（　　）
12. 这对夫妻分居两地，但是感情却十分甜蜜，朝夕相处。（　　）
13. 下班回家后，我顺理成章地躺在沙发上，打开电视。（　　）
14. 此次招商会是我们公司今年的至关重要。（　　）
15. 她们俩是大学同学，还是室友，真是门当户对的好闺密啊！（　　）

二、请把下列成语填入合适的类别中

1. 前无古人
2. 格格不入
3. 前所未有
4. 心想事成
5. 不同寻常
6. 与众不同
7. 独一无二
8. 绘声绘色
9. 滔滔不绝
10. 有声有色
11. 赞叹不已
12. 一路顺风

13. 赞不绝口　　　14. 夸夸其谈　　　15. 一概而论
16. 总而言之　　　17. 一路平安　　　18. 一言不发
19. 无可奉告　　　20. 乱七八糟　　　21. 无论如何
22. 左顾右盼　　　23. 张灯结彩　　　24. 东张西望
25. 鸦雀无声　　　26. 欢声笑语　　　27. 抑扬顿挫
28. 一帆风顺　　　29. 七嘴八舌　　　30. 鹤立鸡群

A. 表示和其他的不一样的成语：_____
B. 表示总结的成语：_____
C. 和说话有关的成语：_____
D. 和祝愿有关的成语：_____
E. 和看有关的成语：_____
F. 表示夸奖的成语：_____
G. 和环境有关的成语：_____

三、在空格中填入合适的汉字，使每个成语都成立

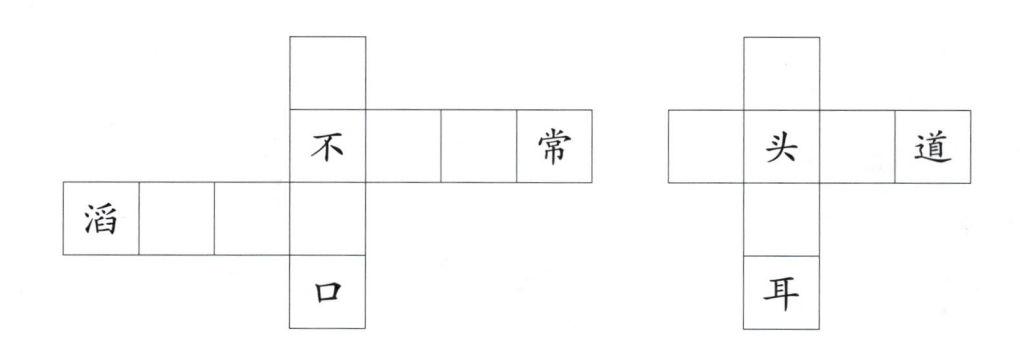

（十字填字图：不 / 常 / 滔 / 口；头 / 道 / 耳）

四、小组活动

针锋相对	鹤立鸡群	耳目一新
绘声绘色	七嘴八舌	有口无心
交头接耳	左顾右盼	东张西望
鸦雀无声	哄堂大笑	张灯结彩
滔滔不绝	耳目一新	理直气壮
形影不离	门当户对	如愿以偿

活动要求

2—4人一组，从上面选一个成语进行表演，或者用它说说自己的经历。

扫码看答案

第十六课 16

1 生词表

1	见义勇为	jiànyì-yǒngwéi	act bravely for a just cause
2	袖手旁观	xiùshǒu-pángguān	look on with folded arms
3	光明磊落	guāngmíng-lěiluò	upright and honourable
4	不正之风	búzhèngzhīfēng	bad practices
5	以身作则	yǐshēn-zuòzé	set an example with one's own conduct
6	诚心诚意	chéngxīn-chéngyì	sincerely and earnestly
7	彬彬有礼	bīnbīn-yǒulǐ	refined and courteous

8	不辞而别	bùcí'érbié	leave without saying goodbye
9	足智多谋	zúzhì-duōmóu	wise and resourceful
10	举一反三	jǔyī-fǎnsān	draw inferences about other cases from one instance
11	灵机一动	língjī-yídòng	have a sudden inspiration
12	心灵手巧	xīnlíng-shǒuqiǎo	clever and deft
13	别具匠心	biéjù-jiàngxīn	be gilded with ingenuity
14	一技之长	yíjìzhīcháng	proficiency in a particular line

2 成语释义及例句

1	见义勇为		义 义：正义的；勇：勇敢。指看到正义的事情奋勇地去做。 用 可做谓语、定语，含褒义。 例 • 他昨天在街上制止了一个歹徒，这种见义勇为的行为值得大家学习。 • 这个青年救起了两名落水儿童，他因为见义勇为受到了政府的表扬。
2	袖手旁观		义 把手藏在袖子里，在一边观看。比喻把自己放在事情之外或不帮助别人。 用 可做谓语、定语，含贬义。 例 • 街上有两个人在打架，而小明却在一旁袖手旁观。 • 作为一名大学生，遇到需要帮助的人绝不能袖手旁观。
3	光明磊落		义 磊落：(心地)正大光明。形容胸怀坦白，没有私心。 用 可做谓语、状语、定语，含褒义。 例 • 很多人抱怨这个世界不够光明，但其实他们自己也做不到光明磊落。 • 为人要光明磊落，不能做任何亏心事。
4	不正之风		义 风：风气。不正当的社会风气，特指以权谋私的行为。 用 可做主语、宾语，含贬义。 例 • 请客、送礼、拉关系、走后门，都是社会上存在的不正之风，我们要坚决反对。 • 对搞不正之风的人提出批评，是应该鼓励的，你不要觉得难以开口。

5	以身作则		义 则：规范，引申指榜样。用自己的行动做出榜样。 用 可做谓语、定语，含褒义。 例 • 教师要以身作则，给学生树立良好的榜样。 • 在青少年教育方面，父母以身作则往往比说教更有效。
6	诚心诚意		义 诚：真实，诚恳。指真挚诚恳。 用 可做谓语、状语、定语，含褒义。 例 • 他诚心诚意地帮助你解决问题，你却不感谢人家。 • 小红待人一向诚心诚意，所以大家都很喜欢她。
7	彬彬有礼		义 彬彬：文雅的样子。文雅而有礼貌。 用 可做谓语、状语，含褒义。 例 • 他很绅士，尤其跟女性打交道时更是彬彬有礼。 • 演讲完毕，王刚彬彬有礼地向在场的观众和评委鞠了一躬，赢得了大家热烈的掌声。
8	不辞而别		义 辞：告辞；别：离开。不告辞就离去了。 用 可做谓语、宾语、状语。 例 • 毕业后，她不辞而别，悄悄地离开了这座生活了四年的城市。 • 李明的不辞而别让大家又意外又失望。

第十六课 16

9	足智多谋	义 足：足够；智：智慧；谋：计谋。形容人智谋很多，善于料事和用计。 用 可做谓语、定语，含褒义。 例 • 诸葛亮足智多谋，是中国传统文化里智者的代表。 • 面对大量敌人的围攻，向来足智多谋的他也没有办法了。
10	举一反三	义 反：类推。指举出一件事，就可以类推出许多事情来。 用 可做谓语、状语、定语，含褒义。 例 • 不管遇到什么问题，他总是可以举一反三地解决，这与他平时善于思考是分不开的。 • 凡事都举一反三，这就是他比其他人学得更快的原因。
11	灵机一动	义 灵机：灵巧的心思。指一下子想出好办法。 用 可做谓语，含褒义。 例 • 小林灵机一动，想出了一个好办法，顺利解决了难题。 • 同学们正愁不知道去哪里给小张庆祝生日的时候，小李灵机一动，说："我们为什么不去游乐园呢？"
12	心灵手巧	义 心思灵敏，手灵巧，形容人聪明能干。 用 可做谓语、定语，含褒义。 例 • 他的姐姐心灵手巧，不一会儿就绣出了漂亮的图案。 • 心灵手巧的张老师不一会儿就在黑板上画出了一幅校园地图。

161

13	别具匠心	义 具：有，匠心：高明而巧妙的构思。另有一种巧妙的心思（多指文学、艺术方面创造性的构思）。 用 可做谓语、定语，含褒义。 例 • 导演别具匠心，在话剧中安排了一场演员与观众互动的戏。 • 这是一个别具匠心的饮料广告，把没有橙汁的早餐比作没有阳光的日子。
14	一技之长	义 某种技能或专长。 用 可做宾语。 例 • 学习成绩并不是最重要的，只要有一技之长，就不怕以后找不到工作。 • 退休后，爷爷利用他年轻时学到的一技之长为社区服务，得到了大家的称赞。

3 练　习

一、根据意思写出成语

1. 形容胸怀坦白，没有私心。
2. 用自己的行动做出榜样。
3. 形容人智谋很多，善于料事和用计。
4. 某种技能或专长。
5. 心思灵敏，手灵巧，形容人聪明能干。
6. 指看到正义的事情奋勇地去做。
7. 比喻把自己放在事情之外或不帮助别人。

二、选出画线字在成语中的意思

1. 光明<u>磊</u>落（　　）

    A. 众多　　　　　B. 杂乱　　　　　C.（心地）正大光明

2. 以身作<u>则</u>（　　）

    A. 却　　　　　　B. 规则　　　　　C. 榜样

3. <u>诚</u>心诚意（　　）

    A. 假的　　　　　B. 的确　　　　　C. 真实，诚恳

4. 举一<u>反</u>三（　　）

    A. 反对　　　　　B. 类推　　　　　C. 相反

5. 不<u>辞</u>而别（　　）

    A. 告辞　　　　　B. 辞职　　　　　C. 躲避

6. 别<u>具</u>匠心（　　）

    A. 有　　　　　　B. 工具　　　　　C. 准备

三、选择合适的成语填空

（一）A. 见义勇为　B. 袖手旁观　C. 光明磊落　D. 以身作则　E. 诚心诚意

1. 小明是（　　）地请你吃饭，你就不要拒绝了。

2. 我们是最好的朋友，他家里有困难，我不能（　　）。

3. 他是一个（　　）的人，不会答应你这种不正当的要求。

4. 班长小王总是严格要求自己，他（　　）的态度让我们都很敬佩。

5. 张华为了救一个从楼梯上摔下来的孩子受了伤，这种（　　）的行为值得大家学习。

6. 英雄们的（　　）和一身正气值得我们尊敬和学习。

7. 在和别人的交往中，（　　）的态度是基本原则。

8. 面对这项紧急任务，大家都忙个不停，只有他在一旁（　　）。

9. 政府应该给（　　）的人发奖金，这样可以鼓励更多的人帮助别人。

10. 作为一位知名演员，他总是（　　），从来不在公共场合抽烟。

（二）A. 彬彬有礼　B. 不辞而别　C. 足智多谋　D. 举一反三　E. 不正之风

1. 这里的服务员对顾客总是面带微笑，（　　）。

2. 在商业竞争中，他（　　），多次带领团队取得了成功。

3. 老师常说，对于学过的知识要学会（　　），这样才能取得更好的学习效果。

4. 老张常常写文章批评社会上的（　　），所以他的作品很受老百姓欢迎。

5. 出远门要告诉家长，千万不要（　　），这样会让家长担心。

6. 他是个（　　）的人，遇到困难总能想出解决的办法。

7. 小帆平时不爱说话，很少受到关注，大家都没有发现她（　　）了。

8. 学习数学最重要的就是（　　）的能力，这样会了一道题就等于会了很多道。

9. 他（　　）地跟每个人打招呼，让人感到很亲切。

10. 对于身边存在的（　　），我们要及时制止，不能睁一只眼闭一只眼。

（三）A. 灵机一动　B. 心灵手巧　C. 别具匠心　D. 一技之长

1. 这家餐厅（　　）的设计和美味可口的饭菜吸引了许多顾客。

2. 他（　　　），想到了一个新的方案，大家都觉得可行。

3. 张同学（　　　），不一会儿就把教室布置成了生日会场。

4. 自习课上一直有人聊天儿，班长（　　　），大声叫道："老师来了！"

5. 拥有（　　　）可以让我们过上更好的生活。

6. 她从小就（　　　），不仅能画一手好画儿，还会自己做各种样式的漂亮衣服。

7. 酒店的园景房有（　　　）的阳台设计，客人可以在房间里欣赏西边大湖的美景。

8. 他意识到当老师并不能充分发挥他的（　　　），于是决定换个工作。

四、根据对话情景，用所给成语造句，将对话补充完整

1. 见义勇为

对话情景：小林救下了一个落水的孩子，学校为此举办了表彰大会，表扬小林见义勇为的行为。

对话人物：小林和老师

对话地点：表彰大会会场

对话内容：

老师：同学们，小林同学在回家路上看到有儿童落水，便立即跳下水救起了孩子，学校特此给予表扬！

小林：谢谢老师夸奖。当时情况紧急，我没想那么多，就直接跳下去了。

老师：＿＿＿＿＿＿＿＿＿＿＿＿＿＿＿，在保护好自己的情况下去帮助有需要的人。

小林：是的，如果大家不会游泳，可以及时找周边的人帮忙，这也是见义勇为的一种表现。

2. 以身作则

对话情景：学生会成员小林和小李正在商量组织环保活动的事。

对话人物：小林和小李

对话地点：学生会办公室

对话内容：

小林：我们学生会要组织一次环保活动，希望能引起同学们对环境保护的重视。你有什么好的建议吗？

小李：我们可以在校园内开展垃圾分类宣传，并发起清洁校园的活动。

小林：这个主意不错！我们先从自己做起，然后引导大家一起参与。

小李：对，_____，才能带领更多人一起为环保事业贡献力量。

小林：好，那就这么定了。

3. 彬彬有礼

对话情景：餐厅里，小林和小李正在用餐。

对话人物：小林、小李、服务员

对话地点：餐厅

对话内容：

服务员：二位顾客你们好！这是你们点的菜，请小心烫。如果还有其他什么需要，招呼我就行。

小　林：好的，谢谢。

小　李：这家店的服务可真好！你看服务员_____。

小　林：是呀，而且环境也很不错。

小　李：嗯，对一家餐厅来说，服务很重要。我们下次还来这家吃。

小　林：我还要推荐其他朋友也过来。

4. 心灵手巧

对话情景：在手工艺品展览会上，小林和小李正在欣赏一位老师傅的作品。

对话人物：小林和小李

对话地点：手工艺品展览会

对话内容：

第十六课 16

小李：哇，这些手工艺品太精美了！

小林：没错，这位师傅太厉害了，竟然能用玉石雕刻出这么逼真的人物！

小李：你觉得要做出这么厉害的作品，需要多长时间呢？

小林：制作手工艺品需要耐心和细心，你看他对每个细节都非常讲究，一定花了很长时间。

小李：对，_____，每件作品都展现出了师傅独特的技艺和用心。

5. 别具匠心

对话情景： 在学校艺术节上，小林和小李一起参加手工艺品展示活动。

对话人物： 小林和小李

对话地点： 手工艺品展示区

对话内容：

小李：小林，你看我这个作品怎么样？我昨天晚上花了好长时间才做好的。

小林：哇！你这个创意很新颖，我从没见过这样的设计。

小李：谢谢夸奖！我一直想做点儿不一样的东西，所以想了很多独特的点子。

小林：_____！

小李：希望我的手工艺品会受到大家的喜欢。

小林：相信我，一定会的！

扫码看答案

17 第十七课

1 生词表

1	兢兢业业	jīngjīngyèyè	cautious and conscientious
2	发愤图强	fāfèn-túqiáng	strive for progress with determination
3	自强不息	zìqiáng-bùxī	constantly strive to become stronger
4	全心全意	quánxīn-quányì	wholeheartedly
5	全力以赴	quánlìyǐfù	spare no pains
6	一鼓作气	yìgǔ-zuòqì	press on to the finish without letup
7	自力更生	zìlì-gēngshēng	do sth. by relying on one's own efforts

8	竭尽全力	jiéjìn-quánlì	exert all one's energy
9	千方百计	qiānfāng-bǎijì	employ all possible means
10	想方设法	xiǎngfāng-shèfǎ	try every means
11	东奔西走	dōngbēn-xīzǒu	run about busily
12	艰苦奋斗	jiānkǔ-fèndòu	work hard and perseveringly
13	连滚带爬	liángǔn-dàipá	scramble away; roll and crawl
14	勤工俭学	qíngōng-jiǎnxué	part-work and part-study (as a way to receive one's schooling)

2 成语释义及例句

1	兢兢业业		义 形容小心谨慎，认真负责。 用 可做谓语、状语、定语，含褒义。 例 • 张三今年被评为优秀员工，因为这一年来他一直兢兢业业地工作，做出了很多成绩。 • 他工作经验不足，但兢兢业业的工作态度得到了老板的表扬。
2	发愤图强		义 发愤：下决心努力；图：谋求。下定决心，努力谋求强大，也指下定决心力求上进。 用 可做谓语，含褒义。 例 • 作为年轻人，我们应该发愤图强，为更美好的明天而努力。 • 李红在经历了失败之后发愤图强，终于靠着自己的双手过上了幸福的生活。
3	自强不息		义 息：停止。自己努力向上，永远不松懈。 用 可做谓语、定语，含褒义。 例 • 残奥会上，运动员们自强不息的精神感动了所有人。 • 他从小到大一直自强不息，凭借自己的奋斗获得了成功。
4	全心全意		义 全：全部的。投入全部心思和精力，毫无杂念。 用 可做谓语、状语、定语，含褒义。 例 • 李明对妻子的爱是全心全意的，他们的生活很幸福。 • 他们全心全意为顾客服务，受到了大家的一致好评。

5	全力以赴		义 赴：去，前往。把全部力量都投入进去。 用 可做谓语、状语，含褒义。 例 • 在比赛中，每位运动员都在全力以赴地奔跑着。 • 每次考试我都全力以赴，所以才能取得好成绩。
6	一鼓作气		义 原指战斗开始时，击第一通鼓时士气振奋，现比喻趁劲头大的时候一口气把事情完成。 用 可做谓语、状语、定语，含褒义。 例 • 如果没有一鼓作气干到底的勇气和必胜的信心，就要承担失败的风险。 • 大家互相鼓励，互相陪伴，一鼓作气爬到了这座山的最高峰。
7	自力更生		义 不依赖外力，靠自己的力量把事情办起来。 用 可做谓语、定语，含褒义。 例 • 我能成功是自力更生、艰苦奋斗的结果，没有依靠别人的帮助。 • 上大学期间他一直自力更生，靠打工赚的钱来支付学费。
8	竭尽全力		义 竭尽：用尽。用尽全部力量。 用 可做谓语、定语、状语。 例 • 在拔河比赛中，我们班的每一名同学都竭尽全力，但最终还是输了。 • 小李虽然腿受伤了，但他仍然竭尽全力地跑完了比赛。

9	千方百计		义 想尽一切办法，用尽一切计谋。 用 可做状语。 例 • 为了提高学生的成绩，老师千方百计地调动大家的学习积极性。 • 小老鼠千方百计想吃到桌子上的奶酪，但最终还是没有成功。
10	想方设法		义 想尽办法。 用 可做谓语、状语。 例 • 她想方设法，终于把卡在树枝中间的小猫救了下来。 • 他不小心把护照弄丢了，我们正在想方设法地帮他寻找。
11	东奔西走		义 奔：急跑。到处奔波，多指为生活所迫或为某一目的四处奔走活动。 用 可做谓语、定语。 例 • 在找工作方面，她的家人朋友没有一个能帮上忙，她只能自己东奔西走。 • 他这些年一直为了父亲的健康东奔西走，不知道带他去过多少医院看病了。
12	艰苦奋斗		义 不怕艰难困苦，在艰难困苦的条件下竭尽全力去工作或斗争。 用 可做谓语、定语、宾语，含褒义。 例 • 通过几十年的艰苦奋斗，这个国家的人民终于实现了脱贫致富的梦想。 • 在创业初期，他们团队资金不足，但始终坚持艰苦奋斗，最终使公司走向了成功。

第十七课 17

13	连滚带爬	义 形容逃走时狼狈不堪的样子。 用 可做状语、补语、定语，含贬义。 例 • 几个年轻人去森林散步，突然看到远处有一只大熊，他们赶快连滚带爬地跑了。 • 看到警察突然出现，那两个小偷连滚带爬地逃走了。
14	勤工俭学	义 利用学习以外的时间参加劳动，把劳动所得作为学习和生活的费用。 用 可做谓语、宾语、定语。 例 • 小王家条件不太好，父母都失业了，但他利用寒暑假勤工俭学读完了大学。 • 通过勤工俭学，我们可以更好地了解社会和职场，为将来进入社会做好准备。

3 练习

一、根据意思写出成语

1. 形容小心谨慎，认真负责。
2. 比喻趁劲头大的时候一口气把事情完成。
3. 不依赖外力，靠自己的力量把事情办起来。
4. 用尽全部力量。
5. 到处奔波，多指为生活所迫或为某一目的四处奔走活动。

二、选出画线字在成语中的意思

1. 发愤<u>图</u>强（　　）
   A. 图画　　　　B. 谋求　　　　C. 地图

2. 自强不<u>息</u>（　　）
   A. 休息　　　　B. 气息　　　　C. 停止

3. 全力以<u>赴</u>（　　）
   A. 在水里游　　B. 去，前往　　C. 走

4. <u>竭</u>尽全力（　　）
   A. 用尽　　　　B. 水干涸　　　C. 完成

5. 东<u>奔</u>西走（　　）
   A. 向　　　　　B. 急跑　　　　C. 逃跑

三、选择合适的成语填空

（一）A. 兢兢业业　B. 千方百计　C. 自强不息　D. 全心全意　E. 全力以赴

1. （　　）为人民着想的官员，必然也会受到人民的尊敬。
2. 虽然家里很穷，但小明（　　），刻苦学习，终于考上了理想的大学。
3. 小红做任何事都（　　），这或许就是她获得成功的原因。

第十七课

4. 她（　　）的工作态度赢得了领导和同事的一致好评。

5. 父母（　　）地爱你，给你提供最好的学习条件，是希望你长大以后能过上自己想要的生活。

6. 小王生病了，什么都不想吃，妈妈（　　）地给他做好吃的。

7. 不要给自己留任何退路，要（　　）地去做每一件事情，这样才能成功。

8. 他遇到困难时没有放弃，而是（　　），将困难一一克服。

9. 王阿姨的奖金比别人多，这是对她（　　）地工作的回报。

10. 小明特别喜欢篮球社，（　　）地想要加入这个社团。

（二）A. 自力更生　　B. 竭尽全力　　C. 发愤图强　　D. 想方设法　　E. 艰苦奋斗

1. 面对糟糕的生活，我们不应该悲观，而应该（　　），改变命运。

2. 教室里的电脑突然坏了，老师正在（　　）解决。

3. 通过（　　），他终于实现了自己的梦想，成了一名成功的企业家。

4. 作为一名医生，应当（　　）去救每一个病人，绝对不能轻易放弃。

5. 她一直以来都（　　），用自己的力量创造了美好的生活。

6. 只有（　　），才能实现自己的梦想。

7. 老师一直（　　）地激发大家的学习兴趣，最后我们班在期末考试中取得了年级第一的好成绩。

8. 外国专家离开后，中国的科研人员发挥（　　）的精神，最终依靠自身的努力取得了一系列成就。

9. 小林在这场比赛中（　　），发挥出超常水平，获得了第一名。

10. 在实现目标的道路上，我们必须保持（　　）的精神。

（三）A. 一鼓作气　　B. 连滚带爬　　C. 东奔西走　　D. 勤工俭学

1. 我在小明的家乡（　　）了一个月，却打听不到一点儿他的消息。

2. 广播里突然说，商场里发现了炸弹！正在购物的顾客吓得（　　），四下逃跑。

3. 通过（　　），我们可以结交更多的朋友，拓展人际关系，同时还可以获得更多的机会和资源。

4. 他为这次运动会做了充分的准备，所以才能（　　　）赢得比赛，成为冠军。

5. （　　　）不仅可以为我们提供经济支持，还可以帮助我们更好地了解自己的兴趣爱好和能力，从而选择适合自己的职业方向。

6. 为了找一份好工作，老王这些日子一直（　　　），几乎没怎么休息。

7. 我花了一上午的时间，（　　　）背完了50个生词。

8. 汽车被山上落下来的石头砸中，开始冒烟了，车里的司机和乘客（　　　）地跑出车外。

四、根据对话情景，用所给成语造句，将对话补充完整

1. 兢兢业业

对话情景：办公室里，王经理正在和员工小李交流工作。

对话人物：王经理和小李

对话地点：办公室

对话内容：

王经理：小李，你最近工作很认真，分配给你的任务都完成得很好，没有一点儿差错。

小　李：谢谢经理的认可。我一直告诉自己做任何事情都不能马虎，一定要细致。

王经理：_____，我相信你一定会大有作为的。

小　李：谢谢经理鼓励。我会继续努力，为公司做出更多贡献。

2. 发愤图强

对话情景：期末考试成绩公布了，小林没有考好，一个人在教室外面的走廊上发呆。

对话人物：小林和老师

对话地点：走廊

对话内容：

老师：小林，你怎么了？看起来心情不太好。

小林：老师，我这次考试没有考好，成绩退步了很多。

老师：哦，那你知道自己为什么退步吗？

小林：我觉得可能是我这段时间没有好好学习，写作业时也老走神，不够专注。

老师：嗯，能够发现自己的问题就好。不要灰心，一次考试不代表什么，你可以把这次考试当作一次自我检测的机会，人只有不断地改正缺点才能进步。

小林：谢谢老师，我明白了！＿＿＿＿＿＿＿＿＿＿＿＿＿＿＿。

老师：老师相信你的实力，加油！

3. 全心全意

对话情景：在医院病房里，医生和病人王先生正在交谈。

对话人物：医生和王先生

对话地点：病房

对话内容：

医　生：王先生，你的手术很成功，好好休息几天，很快就可以出院了。

王先生：医生，太感谢您了！＿＿＿＿＿＿＿＿＿＿＿＿＿＿＿。

医　生：不用客气，这是我的工作，也是我的责任。如果你有任何不适，一定要及时复查。

王先生：好的，我会按照您的嘱咐，注意饮食和休息的。

4. 全力以赴

对话情景：小林和小李报名了运动会的接力赛，正在一起训练跑步。

对话人物：小林和小李

对话地点：学校操场

177

对话内容：

小林：我跑不动了，太累了！

小李：再坚持一下，终点马上就到了。

小林：可是比赛的选手都很厉害，我们没有赢的希望，要不还是别准备了吧。

小李：无论最终结果如何，_____。

小林：你说得对，我不应该还没开始比赛就退缩。

小李：对，不论结果如何，只要努力了就不会后悔。

5. 东奔西走

对话情景： 在繁忙的市中心，小明和小红正在寻找一家书店。

对话人物： 小明、小红、路人

对话地点： 城市街头

对话内容：

小明：小红，我们找了半天还是找不到那家书店，是不是走错方向了？

小红：我也不太确定，要不找个人问问吧。

（小明和小红停下来，向路人询问）

路人：先往东走，过两个红绿灯，然后向西拐，你们就会看到那家书店了。

小明：明白了，谢谢您！_____。

小红：是啊，多亏了您，不然我们不知道要白跑多少地方。

路人：不客气！

扫码看答案

第十八课 18

1 生词表

1	坚持不懈	jiānchí-búxiè	persistent
2	持之以恒	chízhī-yǐhéng	persevere
3	夜以继日	yèyǐjìrì	day and night
4	废寝忘食	fèiqǐn-wàngshí	neglect one's meals and sleep
5	半途而废	bàntú'érfèi	give up halfway
6	一如既往	yìrú-jìwǎng	as always
7	实事求是	shíshì-qiúshì	seek truth from facts

8	一心一意	yìxīn-yíyì	wholeheartedly
9	死心塌地	sǐxīn-tādì	be dead set on
10	勇往直前	yǒngwǎng-zhíqián	march forward courageously
11	前赴后继	qiánfù-hòujì	advance wave upon wave
12	争先恐后	zhēngxiān-kǒnghòu	strive to be the first and fear to lag behind
13	与时俱进	yǔshí-jùjìn	keep pace with the times
14	与日俱增	yǔrì-jùzēng	grow with each passing day
15	循序渐进	xúnxù-jiànjìn	proceed step by step
16	精益求精	jīngyìqiújīng	constantly strive for perfection

第十八课 18

2 成语释义及例句

1	坚持不懈		义 懈：放松，松懈。坚持进行，毫不松懈。 用 可做谓语、状语，含褒义。 例 • 我相信，只要坚持不懈，一直努力，总会取得好成绩的。 • 科研人员虽然遇到了很多困难，但他们坚持不懈地钻研，终于取得了成功。
2	持之以恒		义 持：保持；恒：恒心。有恒心地长期坚持下去。 用 可做谓语、状语、定语，含褒义。 例 • 运动减肥是个好方法，只要持之以恒，就一定会拥有好身材。 • 做事情要有持之以恒的精神，只有这样才能成功。
3	夜以继日		义 日日夜夜一刻不停，形容抓紧时间做某件事。 用 可做状语、定语。 例 • 为了在比赛中获胜，运动员常常夜以继日地训练，非常辛苦。 • 最近公司业务繁忙，爸爸夜以继日地工作，但还是完不成任务。
4	废寝忘食		义 废：停止；寝：睡眠。顾不得睡觉和吃饭，形容非常专心努力。 用 可做谓语、状语，含褒义。 例 • 小红的姐姐废寝忘食地学习，终于以优异的成绩考上了重点大学。 • 为了提高公司的业绩，老板每天废寝忘食。

181

5	半途而废	义	废：终止。半路停下来不再前进，比喻做事有始无终，不能坚持到底。
		用	可做主语、谓语、定语，含贬义。
		例	• 小红学画画儿才学了一个月就半途而废，真是太可惜了。
			• 李明挖井挖到一半就放弃了，这样半途而废是挖不出水来的。
6	一如既往	义	既往：过去。完全和过去一样。
		用	可做谓语、状语、定语。
		例	• 我的爷爷奶奶已经结婚五十年了，但他们的爱情一如既往地甜蜜。
			• 虽然离开家乡几十年了，但我一如既往地喜欢家乡那种安静自然的氛围。
7	实事求是	义	实事：指客观存在的一切事物；求：研究；是：客观事物的内在联系，即规律性。从实际情况出发，正确地对待和处理问题。
		用	可做谓语、状语、定语，含褒义。
		例	• 做科学研究要有实事求是的精神。
			• 老师对每位同学的评价都实事求是。
8	一心一意	义	心思、意念专一。形容做事专心，一门心思地只做一件事，也指对待爱人很专一。
		用	可做谓语、状语、定语。
		例	• 他们俩一心一意地爱着对方。
			• 小丽今年想考研究生，于是她辞掉了工作，一心一意地准备考试。

第十八课 18

9	死心塌地	义 塌：安定，镇定。形容主意已定，决不改变。 用 可做谓语、状语，多含贬义。 例 • 这个员工死心塌地跟随他的老板，老板说什么，他就做什么。 • 别人都觉得她丈夫配不上她，但这么多年来她还是死心塌地地爱着他。
10	勇往直前	义 往：向，朝。不怕困难，勇敢地一直向前进。 用 可做谓语、定语、状语，含褒义。 例 • 在人生的道路上，我们要不怕困难和挫折，勇往直前地走下去。 • 年轻人就应该勇往直前，不断提高自己的能力，把梦想变成现实。
11	前赴后继	义 继：跟上，接着。前面的人上去了，后面的人紧跟上来，形容奋勇向前，接连不断。 用 可做谓语、状语、定语，含褒义。 例 • 医护人员前赴后继地来到病毒肆虐的地方，争分夺秒地为病人治疗。 • 无数人前赴后继，英勇奋斗，才换来了我们今天的幸福生活。
12	争先恐后	义 恐：害怕。争着向前，害怕落后。 用 可做谓语、状语。 例 • 在学校举行的体育比赛中，各班同学争先恐后，奋力拼搏。 • 一下课，同学们便争先恐后地冲向食堂。

13	与时俱进	义	时：时间；俱：一起。随着时代的发展而不断发展、前进。
		用	可做谓语、状语、定语，含褒义。
		例	• 新时代的农民与时俱进，使用无人机喷洒农药，大大提高了工作效率。 • 这个村子的人与时俱进地开了很多网店，赚了不少钱。
14	与日俱增	义	日：时间；俱：一起。随着时间的推移而不断增长。
		用	可做谓语、定语。
		例	• 远在国外的小明对故乡的思念与日俱增。 • 随着经济规模的不断扩大，人类对自然资源的消耗量也与日俱增。
15	循序渐进	义	指学习、工作等按照一定的步骤逐渐深入或提高。
		用	可做谓语、定语，含褒义。
		例	• 做任何事都要循序渐进，否则很难取得成功。 • 学习是一个循序渐进的过程，一定要有耐心。
16	精益求精	义	益：更加。（学术、技术、作品、产品等）好了还求更好。
		用	可做谓语、宾语，含褒义。
		例	• 他做事十分严谨，精益求精，总想做到最完美的状态。 • 他对工作非常认真严格，总是精益求精，因此受到了老板的表扬。

第十八课 18

3 练 习

一、根据意思写出成语

1. 完全和过去一样。
2. 从实际情况出发，正确地对待和处理问题。
3. 形容做事专心，一门心思地只做一件事，也指对待爱人很专一。
4. 形容主意已定，决不改变。
5. 争着向前，害怕落后。
6. （学术、技术、作品、产品等）好了还求更好。
7. 随着时间的推移而不断增长。
8. 指学习、工作等按照一定的步骤逐渐深入或提高。
9. 随着时代的发展而不断发展、前进。
10. 前面的人上去了，后面的人紧跟上来，形容奋勇向前，接连不断。

二、选出画线字在成语中的意思

1. 勇<u>往</u>直前（　　）
   A. 向，朝　　　B. 过去　　　C. 常常

2. 前赴后<u>继</u>（　　）
   A. 继而　　　B. 继承　　　C. 跟上，接着

3. 精<u>益</u>求精（　　）
   A. 好处　　　B. 更加　　　C. 富足

4. <u>废</u>寝忘食（　　）
   A. 停止　　　B. 无用的　　　C. 身体残疾

5. 实事求<u>是</u>（　　）
   A. 规律性　　　B. 是否　　　C. 表示强调

三、选择合适的成语填空

（一） A. 坚持不懈　B. 勇往直前　C. 夜以继日　D. 废寝忘食　E. 半途而废　F. 一如既往

1. 如果一个人做事情总是（　　　），那他就永远享受不到成功的喜悦。
2. （　　　）是一种很好的行为习惯，会让你越来越优秀。
3. 为了提前完成任务，工人们只能（　　　）地工作，连晚上也不休息。
4. 我们班的运动员个个（　　　），没有一个人后退，最终取得了比赛的胜利。
5. 不管犯过什么样的错，只要知错能改，父母都会（　　　）地爱着我们。
6. 为了赶制模型参加比赛，小明这几天一直（　　　），不眠不休。
7. 我们要学习运动员（　　　）、永不服输的精神。
8. 这次考试小刚虽然考了全班第一，但他并没有骄傲，还是（　　　）地认真学习。
9. 这部小说的情节引人入胜，我常常看得（　　　）。
10. 在这次地震中，经过消防员（　　　）的营救，这个孩子奇迹般地被救了出来。
11. 道路能否畅通关系到全村的发展，我们一定要把路修好，绝不能（　　　）。
12. 无论最后的结果是什么，我们都应该（　　　）地努力，不能偷懒。

（二） A. 实事求是　B. 一心一意　C. 死心塌地　D. 持之以恒　E. 前赴后继

1. 每当有火灾发生，消防队员总是（　　　），冲在第一线。
2. 她最近（　　　）准备考研，没有其他杂念。
3. 做事要（　　　），三天打鱼、两天晒网是什么事也做不成的。
4. 这个（　　　）跟着强盗干坏事的家伙，终于受到了应有的惩罚。
5. 我们要（　　　）地对待工作，做得好的地方继续保持，做得不好的地方及时改正。
6. 志愿者们（　　　）地赶往灾区，为灾民提供援助。
7. 他正（　　　）地读着书，突然一个孩子闯了进来。
8. 那一带非常危险，但他仍（　　　）地想去那里旅游。
9. 弹钢琴需要认真踏实的态度和（　　　）的努力。
10. 科学研究需要（　　　）的态度，不能弄虚作假。

（三）A. 争先恐后　　B. 与时俱进　　C. 与日俱增　　D. 循序渐进　　E. 精益求精

1. 随着时间的推移，他们越来越了解对方，感情也（　　　）。
2. 也许正是因为对文章（　　　），鲁迅的作品才流传下来，成为20世纪的经典。
3. 学习语言必须遵循（　　　）的原则，首先要打好基础。
4. 这是一项（　　　）的工作，不能一味追求速度。
5. 如果不（　　　），不断掌握新技能，很快就会被时代淘汰。
6. 他为环境保护事业做出了突出贡献，这些年的名气（　　　）。
7. 洪水暴发的前一夜，村民们（　　　）地将值钱的物品转移到安全的地方。
8. 随着科学技术的发展，教育也需要（　　　），利用计算机、互联网等工具提高教学效率。
9. 每到星期六超市打折的时候，顾客们都会（　　　）地抢购特价商品。
10. 在产品质量上，公司要求（　　　），决不能马虎。

四、根据对话情景，用所给成语造句，将对话补充完整

1. 半途而废

对话情景：小林正在图书馆复习，为即将到来的期末考试做准备。

对话人物：小林和小李

对话地点：学校图书馆

对话内容：

小林：唉，复习资料实在是太多了，感觉时间不够用啊。

小李：不要泄气！只要坚持下去，一定能克服困难的。

小林：可是我真的觉得有些吃不消了，复习压力好大。

小李：＿＿＿＿＿＿＿＿＿＿＿＿＿＿＿＿，坚持一下，成功就在不远处。

小林：嗯，你说得对。我不能放弃，一定要坚持到底！

小李：没错，相信自己，你一定能取得好成绩的。我们一起加油！

2. 一如既往

对话情景： 在一家小餐馆里，常来用餐的顾客小明正在和老板娘交谈。

对话人物： 小明和老板娘

对话地点： 小餐馆

对话内容：

小　明：老板娘，你们店的菜真是好吃，我每次来都很满意。

老板娘：谢谢你的夸奖。我们会一直努力保持菜品的品质和口味的。

小　明：而且你们的服务也很不错。

老板娘：我们把每一位顾客都当成家人，用心对待。

小　明：我能感受到你们用心经营的态度，_____。

老板娘：谢谢你的支持，我们会继续努力，让顾客吃得开心满意。

3. 一心一意

对话情景： 在学校自习室里，约翰和玛丽正在一起备考 HSK 六级。

对话人物： 约翰和玛丽

对话地点： 自习室

对话内容：

约翰：再过两天就是 HSK 考试了，我们得好好复习才行。

玛丽：是啊，_____，争取取得好成绩。

约翰：但是复习有时候会很枯燥，很容易分心。

玛丽：没关系，我们可以互相监督，互相鼓励，保持专注。

约翰：对，只要我们专注地复习，成功就在不远处。

4. 与时俱进

对话情景： 教室里，老师正在和同学们讨论科技给教学带来的挑战。

对话人物： 老师和小李

对话地点：教室

对话内容：

老师：同学们，现代科技的飞速发展给教学带来了很多新的机遇。

小李：老师，您指的机遇有哪些呢？

老师：比如利用互动式教具、多媒体课件等技术手段，让教学更加生动有趣。

小李：听起来很有意思，但操作起来也有些困难。

老师：是的，_____，才能帮助学生更好地学习和成长。

小李：明白了，老师。我们作为学生也会好好努力的。

5. 勇往直前

对话情景：某登山队的队员们准备明天攀登一座高山。

对话人物：小明和小红

对话地点：登山营地

对话内容：

小明：明天我们就要开始登山了！你准备好了吗？

小红：当然！这是我多年的梦想，这次我们一定要登上山顶！

小明：不过，登山过程中肯定会有很多困难和挑战，要做好心理准备。

小红：_____。

小明：你说得对！我们一定能登上那座高山！

小红：今天好好休息，明天以最好的状态出发。

扫码看答案

19 第十九课

1 生词表

1	齐心协力	qíxīn-xiélì	make concerted efforts
2	众志成城	zhòngzhì--chéngchéng	unity is strength
3	同舟共济	tóngzhōu-gòngjì	pull together in times of trouble
4	相依为命	xiāngyī-wéimìng	depend upon each other for survival
5	各奔前程	gèbènqiánchéng	each pursues his own course
6	不约而同	bùyuē'értóng	take the same view or action without previous consultation
7	异口同声	yìkǒu-tóngshēng	with one voice

8	不耻下问	bùchǐ-xiàwèn	not feel ashamed to learn from one's subordinates
9	孤陋寡闻	gūlòu-guǎwén	ignorant and ill-informed
10	不以为然	bùyǐwéirán	disapprove (of)
11	自以为是	zìyǐwéishì	think oneself (always) in the right
12	指手画脚	zhǐshǒu-huàjiǎo	make animated gestures while speaking; make indiscreet remarks or criticisms
13	盛气凌人	shèngqì-língrén	domineering
14	大模大样	dàmú-dàyàng	with a swagger
15	目中无人	mùzhōng-wúrén	consider everyone beneath one's notice—be supercilious

2 成语释义及例句

1	齐心协力		义 协：共同。思想认识一致，共同努力。 用 可做谓语、状语、定语，含褒义。 例 • 在划船比赛中，同学们齐心协力，最终战胜了对手。 • 小王的车掉进了河里，大家齐心协力帮他把车拉了上来。
2	众志成城		义 大家齐心协力，就像城墙一样牢固，比喻大家团结一致，就能克服困难，取得成功。 用 可做谓语、状语、定语，含褒义。 例 • 全国人民正众志成城地搞经济建设，期待过上更美好的生活。 • 只要大家一起努力，众志成城，就一定能在比赛中取得胜利。
3	同舟共济		义 济：渡河。大家坐一条船过河，比喻同心协力，共同渡过难关。 用 可做谓语、定语，含褒义。 例 • 面对困境，我们应该同舟共济，共同面对。 • 这场比赛十分惊险，多亏所有球员发扬同舟共济的精神，我们才赢得了最后的胜利。
4	相依为命		义 相：互相；依：依靠。互相依靠着生活，谁也离不开谁。 用 可做谓语、定语。 例 • 他很小的时候父母就不在了，这么多年都是和奶奶相依为命。 • 这两位老人无儿无女，是一对相依为命的夫妻。

5	各奔前程		义 奔：奔向；程：道路。各走各的路，各人按各人的志向发展。 用 可做谓语、定语。 例 • 大学毕业后，同学们都各奔前程，想要再聚在一起可真不容易。 • 公司破产后，员工们就只能各奔前程了。
6	不约而同		义 没有事先商量约定而彼此看法或言行相同。 用 可做谓语、状语。 例 • 今天是情人节，这对情侣不约而同地为对方准备了鲜花。 • 公交车上，几个中学生不约而同地站起来，给抱小孩儿的阿姨让座。
7	异口同声		义 不同的人同时说同样的话。 用 可做谓语、状语。 例 • 教师节这天，全班同学异口同声地对老师说："老师辛苦了！祝您节日快乐！" • 班长问大家有没有信心赢得这次比赛，大家异口同声地回答"有"。
8	不耻下问		义 耻：羞耻，可耻。向学问比自己差或地位比自己低的人请教，不觉得羞耻。 用 可做谓语，含褒义。 例 • 只要肯放下架子，不耻下问，你就可以学到许多新的知识。 • 他虽然是大学教授，但没有架子，遇到不懂的事情总会不耻下问。

9	孤陋寡闻		义 孤：一个人独处，不与外界交流；陋：浅薄，见识少；寡：少；闻：见闻。知识浅薄，见闻不广。 用 可做谓语、定语，含贬义，有时也用于自谦。 例 • 小明从没听过牛郎织女的故事，大家都笑话他是个孤陋寡闻的人。 • 你真是孤陋寡闻，连金字塔、埃菲尔铁塔这些举世闻名的建筑都不知道。
10	不以为然		义 然：对的。不认为是对的，表示不同意（通常包含轻视的意味）。 用 可做谓语、状语、定语。 例 • 他对老师的教导不以为然，还是坚持自己的想法。 • 小刚表面上没有反对小芳的看法，心里却很不以为然。
11	自以为是		义 是：正确的。认为自己的看法和做法都正确，不接受别人的意见。 用 可做谓语、定语，含贬义。 例 • 小明一直都很自以为是，觉得任何人都比不上他。 • 他是个自以为是的人，总觉得自己的话就是真理。
12	指手画脚		义 形容说话时用手脚比画示意，也形容随便地指点、批评。 用 可做谓语、状语、定语，含贬义。 例 • 大家总是对她的穿着指手画脚，这令她非常不开心。 • 我讨厌老板指手画脚地告诉我该怎么工作。

第十九课 19

13	盛气凌人		义 盛气：骄横的气势；凌：欺负。以骄横的气势压人，形容傲慢自大，气势逼人。 用 可做谓语、定语，含贬义。 例 • 老师教导我们要谦虚有礼，和别人讲话时不能盛气凌人。 • 如果你总是一副盛气凌人的模样，总有一天，你的朋友会一个个离开你。
14	大模大样		义 形容一切都不放在眼里、什么都不在乎的样子。 用 可做谓语、状语。 例 • 这只小猫偷了我桶里的鱼，还大模大样地从我身边跑了过去。 • 这个小偷十分冷静，在卫生间换了一套衣服后，大模大样地走出了大楼，没有被发现。
15	目中无人		义 眼睛里没有旁人，形容骄傲自大，看不起别人。 用 可做谓语、定语，含贬义。 例 • 这个歌手刚取得一点儿成绩就目中无人起来，觉得自己天下第一。 • 他走路总是一副目中无人的样子，别人和他打招呼都不回应。

3 练习

一、根据意思写出成语

1. 大家齐心协力，就像城墙一样牢固，比喻大家团结一致，就能克服困难，取得成功。
2. 向学问比自己差或地位比自己低的人请教，不觉得羞耻。
3. 知识浅薄，见闻不广。
4. 不认为是对的，表示不同意（通常包含轻视的意味）。
5. 认为自己的看法和做法都正确，不接受别人的意见。
6. 形容说话时用手脚比画示意，也形容随便地指点、批评。
7. 形容一切都不放在眼里、什么都不在乎的样子。
8. 以骄横的气势压人，形容傲慢自大，气势逼人。
9. 眼睛里没有旁人，形容骄傲自大，看不起别人。

二、选出画线字在成语中的意思

1. 不以为然（　　）
   A. 如此　　　　B. 但是　　　　C. 对的
2. 盛气凌人（　　）
   A. 冰锥　　　　B. 欺负　　　　C. 升高
3. 各奔前程（　　）
   A. 道路　　　　B. 规则　　　　C. 次序
4. 孤陋寡闻（　　）
   A. 难看的　　　B. 不文明的　　C. 浅薄，见识少
5. 齐心协力（　　）
   A. 共同　　　　B. 帮助　　　　C. 融洽

第十九课 19

三、选择合适的成语填空

（一） A.自以为是　B.盛气凌人　C.同舟共济　D.相依为命　E.各奔前程

1. 他们上小学的时候父母就不在了，这么多年一直都是兄弟两人（　　）。
2. 我们来自全国各地，今天欢聚一堂，明天就得（　　）。
3. 这次考试失利的原因在于他（　　），没有好好复习。
4. 老板总是一副（　　）的样子，员工们都很害怕他。
5. 毕业后同学们（　　），见一次面很不容易。
6. 他是个（　　）的家伙，说出来的话总是让人不舒服。
7. 只要全国人民（　　），风雨共担，就没有什么困难能打倒我们。
8. 这个老爷爷看上去十分孤单，只有一只猫和他（　　）。
9. 面对困难，我们应该（　　），共同渡过难关。
10. 我受不了同事小张（　　）的态度，跟他大吵了一架。

（二） A.不约而同　B.异口同声　C.不耻下问　D.孤陋寡闻　E.不以为然

1. 小明和小强都喜欢唱歌，上大学后他俩（　　）地报名参加了合唱团。
2. 他们把戒指戴到对方手上，（　　）地说："我爱你！"
3. 小明说吃苹果时一定不要削皮，但我还是（　　）地拿起了水果刀。
4. 请原谅我的（　　）。请问，什么是"元宇宙"呢？
5. 我们要抱着（　　）的态度，这样才能学到更多知识。
6. 他（　　）地摇摇头，表示不赞同对方的意见。
7. 下雪了，小区里的孩子们（　　）地跑到院子里堆雪人、打雪仗。
8. 我真是（　　），连这种常识竟然都不知道。
9. 上届冠军出场的时候，观众们（　　）地喊着他的名字，希望他再创佳绩。
10. （　　）是一种美德，能帮助我们不断进步。

（三） A.齐心协力　B.指手画脚　C.众志成城　D.大模大样　E.目中无人

1. 这只老虎没有理会旁边的小动物，（　　）地走进森林里去了。

2. 地震发生后,全国人民（　　　），捐款捐物,一起救助灾区。

3. 这是我自己的事,轮不到别人来（　　　）。

4. 虽然小明成绩很好,但是别人向他请教时,他那（　　　）的态度真让人受不了!

5. 小张不小心掉到了河里,大家（　　　）把他救了上来。

6. 只要大家（　　　）,齐心协力,就一定能战胜对手。

7. 小刘只是得了学校的冠军,就开始变得（　　　）,不听教练的话了。

8. 如果不了解这个领域,就不要随便对别人的工作（　　　）。

9. 只要大家（　　　）地克服困难,公司必将迎来一个新的发展阶段。

10. 我家的猫一点儿也不怕人,经常（　　　）地在客人面前走来走去。

四、根据对话情景,用所给成语造句,将对话补充完整

1. 齐心协力

对话情景：周末学校要进行拔河比赛,主力队员小张感觉压力比较大,便找到王老师进行沟通。

对话人物：小张和王老师

对话地点：办公室

对话内容：

小　张：老师,马上就要进行拔河比赛了,我看其他队伍都很厉害,我担心我们班会输掉比赛。

王老师：没关系的,比赛结果并不重要,重要的是在这个过程中大家都能有所收获。

小　张：但我还是对即将到来的比赛没有信心。

王老师：你要相信自己,相信你的队员们,_____。

小　张：好的,老师,我明白了。

王老师：没问题,期待大家的好消息!

2. 不约而同

对话情景：国庆节假期，许久未见的好朋友小刘和小明一起吃饭聊天儿。

对话人物：小刘和小明

对话地点：餐馆

对话内容：

小刘：小明，好久不见，最近工作怎么样？

小明：是啊，好久不见！最近工作还算轻松，前一段时间太忙，都没时间约你见面。

小刘：前几天我出差，顺便给你带了份礼物，你看看喜欢吗？

小明：这么巧！我也给你带了礼物。

小刘：这或许就是朋友之间无声的默契吧！_____。

3. 不以为然

对话情景：妈妈带着乐乐在景区游玩，乐乐把喝完的矿泉水瓶随手乱扔，受到了妈妈的批评。

对话人物：妈妈和乐乐

对话地点：景区

对话内容：

妈妈：乐乐，矿泉水瓶不应该随地乱扔，会造成环境污染，快去把它捡起来。

乐乐：只是一个小塑料瓶而已，哪有您说的那么严重？

妈妈：_____。保护环境靠的是我们大家共同的努力，哪怕是一个小小的举动都会对环境带来很大的影响。

乐乐：好，我这就去捡起来，以后再也不乱扔垃圾了。

4. 自以为是

对话情景：小马和朋友约好明天出门旅行，他正在高高兴兴地收拾行李。

对话人物：妈妈和小马

对话地点：小马的房间

对话内容：

妈妈：明天出门，要记得带把雨伞。

小马：不用了，您看外面天气那么晴朗，怎么会下雨呢？

妈妈：天气预报说明天上午有雨，_____。

小马：好吧，以防万一，我还是在行李箱里装把伞吧。

5. 指手画脚

对话情景：马克刚交了一个中国朋友，感到很高兴，便和小夏聊起了自己的这位新朋友。

对话人物：小夏和马克

对话地点：咖啡馆

对话内容：

小夏：来中国快一年了，这里的生活你适应了吗？

马克：刚开始有点儿不习惯，后来慢慢就适应了，我最近还交了一个中国朋友呢。

小夏：太棒了！快给我讲讲你的中国朋友。

马克：我和她是在图书馆认识的，平时我们会一起看书、聊天儿。我的中文还不太好，但她_____。

小夏：你这个朋友真不错，下次也介绍我们认识认识吧。

马克：没问题！正好我们下午要去逛街，你也一起吧。

扫码看答案

第二十课 20

1 生词表

1	大公无私	dàgōng-wúsī	selfless; totally impartial
2	顾全大局	gùquán-dàjú	consider sth. as a whole
3	一毛不拔	yìmáo-bùbá	be unwilling to give up even a hair—very stingy
4	自私自利	zìsī-zìlì	selfish
5	见钱眼开	jiànqián-yǎnkāi	open one's eyes wide at the sight of money—be money-hungry
6	讨价还价	tǎojià-huánjià	bargain
7	精打细算	jīngdǎ-xìsuàn	careful calculation and strict budgeting

8	节衣缩食	jiéyī-suōshí	economize on food and clothing
9	无能为力	wúnéngwéilì	can do nothing about
10	力所能及	lìsuǒnéngjí	in one's power
11	轻而易举	qīng'éryìjǔ	without the slightest difficulty
12	力不从心	lìbùcóngxīn	one's ability is not equal to one's ambition
13	任人宰割	rènrén-zǎigē	be trampled upon by others at will
14	一筹莫展	yìchóu-mòzhǎn	can find no way out
15	无济于事	wújìyúshì	of no help
16	一事无成	yíshì-wúchéng	accomplish nothing

2 成语释义及例句

1	大公无私	义 ①完全为人民群众利益着想，毫无自私自利之心。②处理公正，不偏袒任何一方。 用 可做谓语、定语、宾语，含褒义。 例 • 李明在工作中大公无私，被评选为优秀法官。 • 老张是个大公无私的人，大家都支持他当厂长。
2	顾全大局	义 顾：照顾。照顾整个局面，使不受到损害。 用 可做谓语、定语、宾语，含褒义。 例 • 下象棋讲究顾全大局，不要只考虑一时的得失。 • 为了顾全大局，小明主动申请去贫困地区工作。
3	一毛不拔	义 一根毛也不肯拔，比喻非常小气、自私。 用 可做谓语、定语，含贬义。 例 • 他是个有钱人，但在公益捐款中却总是一毛不拔。 • 他是个一毛不拔的人，跟大家一起吃饭的时候从来不掏钱。
4	自私自利	义 只为自己打算，为自己谋利益，不顾别人和集体。 用 可做谓语、定语。 例 • 他太自私自利了，从不顾及别人的感受。 • 在公共场所大声吵闹是自私自利的行为。

5	见钱眼开		义 看到钱眼睛就睁大了，形容人非常爱财。 用 可做谓语、定语，含贬义。 例 • 周围的人都知道他是那种见钱眼开的人，所以不太愿意与他相处。 • 他是商人，但并不见钱眼开，每次做公益都是带头捐款。
6	讨价还价		义 ①卖主讨价，买主还价，指买卖双方商量商品的价格。②比喻接受任务或举行谈判时提出种种条件，斤斤计较。 用 可做谓语、定语。 例 • 奶奶每次在菜场买东西都会讨价还价，她觉得这也是一种乐趣。 • 在商务谈判中，弄清对手讨价还价的策略和技巧非常重要。
7	精打细算		义 精、细：仔细，详细。在使用人力物力时仔细计算，不使浪费。 用 可做谓语、状语，含褒义。 例 • 在妈妈的精打细算下，我们家的生活一天比一天好起来了。 • 王明的爸爸失业后，他们家每天只能精打细算地过日子。
8	节衣缩食		义 节：节约，节省；缩：减少。节省吃的和穿的，泛指生活节俭。 用 可做谓语、状语、定语。 例 • 虽然家里很穷，但一家人就算节衣缩食也要供孩子上学读书。 • 王明的工资不多，每个月只能节衣缩食地生活，把省下的钱寄给父母。

9	无能为力	义	用不上力量；没有能力或力量达不到。
		用	可做谓语、定语。
		例	• 面对老板交代的艰巨任务，李明感到无能为力。 • 同学找我借十万块钱，可是我没有那么多积蓄，实在是无能为力。
10	力所能及	义	力：能力，力量；及：达到。自己的能力所能办到的。
		用	可做谓语、定语。
		例	• 学习之余，学生应该参加一些力所能及的劳动，这样才能得到全面发展。 • 朋友遇到了困难，小王希望能做些力所能及的事情帮助他。
11	轻而易举	义	举：向上托起。很轻松地举起来，形容事情容易做，毫不费力。
		用	可做谓语、状语、定语。
		例	• 在这次举重比赛中，他轻而易举地打败了其他对手，获得了冠军。 • 要熟练运用一门外语绝对不是一件轻而易举的事。
12	力不从心	义	心里想做，可是能力或力量达不到。
		用	可做谓语、定语。
		例	• 最近要忙的事情太多了，我感到有些力不从心。 • 爷爷年纪大了，爬起楼来常常有力不从心的感觉。

13	任人宰割		义 宰：杀；割：切。别人想欺负就欺负，自己没有反抗的能力。 用 可做谓语、定语。 例 • 在战争中，普通老百姓就跟砧板上的鱼肉一样，只能任人宰割。 • 商场如战场，如果我们公司不强大起来，就会变成任人宰割的羔羊。
14	一筹莫展		义 筹：计策，办法；展：施展。一点儿计策也想不出来，形容没有一点儿办法。 用 可做谓语、定语，含贬义。 例 • 他想了很久也解不开这道数学题，正一筹莫展的时候，同桌给了他一点儿提示。 • 会议已经开了两个小时了，但是这个项目到底该如何推进，大家还是一筹莫展。
15	无济于事		义 济：帮助。对于事情没有什么帮助；对于解决问题没有什么作用。 用 可做谓语，含贬义。 例 • 孩子学习成绩差，家长要耐心引导，打骂是无济于事的。 • 天气太热，把土地都烤干了，农民即使浇再多的水也无济于事。
16	一事无成		义 连一件事情也没做成；什么事情都做不成。 用 可做谓语、定语。 例 • 最近，他总抱怨自己30多岁了还一事无成。 • 做事半途而废的人往往会一事无成。

3 练 习

一、根据意思写出成语

1. 照顾整个局面，使不受到损害。
2. 一根毛也不肯拔，比喻非常小气、自私。
3. 卖主讨价，买主还价，指买卖双方商量商品的价格。
4. 看到钱眼睛就睁大了，形容人非常爱财。
5. 在使用人力物力时仔细计算，不使浪费。
6. 节省吃的和穿的，泛指生活节俭。
7. 很轻松地举起来，形容事情容易做，毫不费力。
8. 别人想欺负就欺负，自己没有反抗的能力。
9. 一点儿计策也想不出来，形容没有一点儿办法。
10. 对于事情没有什么帮助；对于解决问题没有什么作用。

二、选出画线字在成语中的意思

1. 节衣缩食（　　）

    A. 节日　　　　B. 节约，节省　　C. 礼节

2. 轻而易举（　　）

    A. 提出　　　　B. 行为　　　　C. 向上托起

3. 精打细算（　　）

    A. 精神　　　　B. 仔细，详细　　C. 熟练的

4. 力所能及（　　）

    A. 达到　　　　B. 赶上　　　　C. 和

5. 顾全大局（　　）

    A. 回头看　　　B. 探望　　　　C. 照顾

三、选择合适的成语填空

（一） A.大公无私　B.顾全大局　C.一毛不拔　D.自私自利　E.见钱眼开　F.讨价还价

1. 老王是个（　　）的人，总是害怕自己吃亏，处处要占别人的便宜。
2. 他和顾客来来回回地（　　），最终还是没做成这笔生意。
3. 这个官员表面上看起来不在乎钱财，其实是个（　　）的人。
4. 我们都以为他是个（　　）的人，没想到这次捐款他捐了一大笔钱。
5. 公司的资金情况很不好，为了（　　），小王放弃了自己的改革方案。
6. 菜市场里到处都是叫卖声和（　　）的声音，听起来十分热闹。
7. 大家都知道他是个（　　）的人，喜欢结交有钱人家的孩子。
8. 张老师这种（　　）、不计较个人得失的行为受到了大家的称赞。
9. 我们老板是个（　　）的人，过节从来不发礼品，也不给大家涨工资。
10. 有些事要（　　），为他人着想，但有些事要坚持自己的主张。
11. 老孙并不是一个（　　）的人，他总是在别人有困难时帮助他们。
12. 小李的行为根本算不上（　　），他主要是从自己的利益出发，顺便帮助了别人。

（二） A.精打细算　B.节衣缩食　C.无能为力　D.力所能及　E.轻而易举

1. 经过几个月的（　　），他终于把这台新款电脑买到手了。
2. 邻居得了一种奇怪的病，所有医生都对这种病（　　）。
3. 尽管他的收入很高，但他仍然保持着（　　）的习惯。
4. 没有什么能比他（　　）地获得大奖更令我们羡慕的了。
5. 连续多年的战争导致老百姓都不得不过上（　　）的生活。
6. 凡是自己（　　）的事情，我决不麻烦别人。
7. 她在生活上一直很节俭，花钱总是（　　），从不浪费一分钱。
8. 随着科技的发展，我们现在可以（　　）地完成很多从前很难做到的事情。
9. 做好自己（　　）的事情，对社会也是巨大的贡献。
10. 这次的作业我只会做其中两道题，其他的就都（　　）了。

（三） A. 力不从心　　B. 任人宰割　　C. 一筹莫展　　D. 无济于事　　E. 一事无成

1. 对于不想好好学习的学生来说，别人怎么帮助都（　　）。
2. 上半场比赛消耗了太多体力，下半场的时候双方球员都有些（　　）了。
3. 面对这道复杂的数学题，我（　　），一点儿解题思路也没有。
4. 我们不能（　　），要坚决捍卫自己的利益。
5. 无论他怎么努力都（　　），因为对手太强大了。
6. 他不愿看到自己（　　），下定决心好好努力。
7. 他平时不喜欢看书，缺乏必要的积累，所以写文章的时候常常感到（　　）。
8. 快毕业了，我还没有找到合适的工作，真是让人（　　）。
9. 这么多年过去了，身边的同学朋友都生活得越来越好，只有他还是（　　）。
10. 在激烈的社会竞争中，如果没有积极进取、勇于拼搏的精神，恐怕就只能（　　）了。

四、根据对话情景，用所给成语造句，将对话补充完整

1. 顾全大局

对话情景：学校正举办招聘会。小雨上午面试了几家公司，感觉发挥一般，心情有些沮丧。午饭的时候，她和同学小夏聊起了面试的情况。

对话人物：小雨和小夏

对话地点：学校食堂

对话内容：

小夏：你上午的面试感觉怎么样？

小雨：我回答问题的时候有点儿紧张，发挥得也一般，估计希望不大。

小夏：没关系，你沉着应对就行。企业一般都很看重一个人是否有集体精神，_____。

小雨：好，我记住了。听说这次招聘会提供的机会很多，下午我准备再去面试几家。

2. 讨价还价

对话情景：李莉到家具店买沙发，她正在与售货员交流。

对话人物：李莉和售货员

对话地点：家具店

对话内容：

售货员：小姐，您好！您想买什么家具？需要我为您介绍一下吗？

李　莉：我想买沙发。

售货员：您看这个沙发怎么样？现在正在打折，比平时便宜了一千块左右。

李　莉：看起来质量不错，还能再便宜些吗？

售货员：_____，现在这个价格肯定是最优惠的，今天买还能送两把椅子。

李　莉：这个棕色的看上去还不错，那就买这个吧。

3. 无能为力

对话情景：小刘在超市门口碰见了正在减肥的小孙，见小孙买了很多饼干和巧克力，便和他聊起了减肥的事。

对话人物：小刘和小孙

对话地点：超市门口

对话内容：

小刘：哟，怎么买了那么多饼干和巧克力？你不是在减肥吗？

小孙：别提了，我减了一个月都没有瘦下来，_____。

小刘：想减肥，就得少吃多运动。

小孙：我就是这样做的，但也没什么效果，一个月下来只减了一斤。

小刘：减肥需要长期坚持，一个月时间太短了。

小孙：我本来打算放弃了，听你这么说，那就再坚持坚持，这些饼干和巧克力送给你了。

第二十课 **20**

4. 一筹莫展

对话情景：小王在工作上遇到了一些困难，经理听说后找他了解情况。

对话人物：经理和小王

对话地点：办公室

对话内容：

经理：小王，安排给你的那个市场调研大概还要多长时间能完成？

小王：原本计划一周，但是最近遇到了点儿困难，_____，可能会延期。

经理：别有太大压力，遇到什么困难就跟公司说，公司这边可以协助你完成。

小王：好的，经理，谢谢您！

5. 无济于事

对话情景：小罗这段时间总是咳嗽，一直不见好转。周末和好友小陈吃饭时，小罗谈起了自己的身体情况。

对话人物：小罗和小陈

对话地点：餐厅

对话内容：

小罗：我最近总感觉嗓子不舒服，还老是咳嗽，_____。

小陈：医生怎么说？

小罗：医生说让我以后别再抽烟了，但我就是戒不掉。

小陈：抽烟不仅对自己没好处，而且还会影响周围人的身体健康。为了自己和家人的健康，你以后别再抽了。

小罗：嗯，确实该戒了。

小陈：相信戒烟后你的身体状况一定会有所好转。

扫码看答案

21 第二十一课

1 生词表

1	罪魁祸首	zuìkuí-huòshǒu	arch criminal
2	无恶不作	wú'è-búzuò	commit all manners of crimes
3	乘人之危	chéngrénzhīwēi	take advantage of others' difficulties
4	弄虚作假	nòngxū-zuòjiǎ	practise fraud
5	损人利己	sǔnrén-lìjǐ	benefit oneself at the expense of others
6	沽名钓誉	gūmíng-diàoyù	angle for fame and compliments
7	改邪归正	gǎixié-guīzhèng	give up evil and return to virtue—turn over a new leaf

8	无情无义	wúqíng-wúyì	heartless
9	冷酷无情	lěngkù-wúqíng	merciless
10	发扬光大	fāyáng-guāngdà	carry forward
11	大包大揽	dàbāo-dàlǎn	undertake as much as possible
12	有的放矢	yǒudì-fàngshǐ	shoot the arrow at the target—have a definite goal
13	所作所为	suǒzuò-suǒwéi	one's behaviour
14	一举一动	yìjǔ-yídòng	every act and every move
15	一言一行	yìyán-yìxíng	what one says and does
16	耳闻目睹	ěrwén-mùdǔ	what one sees and hears

2 成语释义及例句

1. 罪魁祸首

义 魁、首：为首的。罪恶行为的首要分子，也指灾祸的主要原因。

用 可做主语、宾语，含贬义。

例
- 三年后，那起重大犯罪案件的罪魁祸首终于落网了。
- 谁都没有想到，引起这场火灾的罪魁祸首竟然是一个烟头。

2. 无恶不作

义 恶：坏的行为。没有哪样坏事不干，形容人极坏。

用 可做谓语、定语，含贬义。

例
- 他烧杀抢掠，无恶不作，最终受到了应有的惩罚。
- 他以前是个无恶不作的人，出狱后改过自新，重新做人。

3. 乘人之危

义 乘：趁着；危：危险，灾难。趁着别人有危险或困难时，伤害别人或取得利益。

用 可做谓语、定语，含贬义。

例
- 乘人之危是一种不道德的行为。
- 小红家里着火了，有人乘人之危，偷走了她的电脑。

4. 弄虚作假

义 虚：假的。指耍花招儿，欺骗人。

用 可做谓语、定语，含贬义。

例
- 这家企业弄虚作假的行为遭到了消费者的投诉。
- 做生意不能弄虚作假，讲究诚信才能赢得顾客的信任。

第二十一课 21

5	损人利己	义 损：损害；利：使有利。使别人受到损失而使自己得到好处。 用 可做谓语、定语，含贬义。 例 • 这家人拆了邻居家的房子来盖自己家的院墙，真是太损人利己了！ • 损人利己的事情做多了，李明不禁担心自己哪一天也会被别人报复。
6	沽名钓誉	义 沽：买；钓：用手段猎取（名利）。比喻用不正当手段骗取名誉。 用 可做谓语、定语，含贬义。 例 • 有些所谓的"慈善家"只不过是在沽名钓誉，并不是真心帮助他人。 • 世界上沽名钓誉的人固然不少，但默默行善的人必然更多。
7	改邪归正	义 邪：不正当。不再做坏事，走上正路。 用 可做谓语、宾语。 例 • 他决心改邪归正，做一个对社会有贡献的人。 • 虽然他曾经犯过错，但现在已经改邪归正，大家应该给他一个机会。
8	无情无义	义 情：感情；义：情义。没有一点儿情义。 用 可做定语、谓语，含贬义。 例 • 他是个无情无义的人，朋友需要帮助时他从来不会伸出援手。 • 这个老板眼里只有钱，不顾员工的身体健康，简直无情无义。

215

9	冷酷无情		义 冷酷：冷漠。待人冷漠苛刻，没有感情。 用 可做谓语、定语，含贬义。 例 • 李明是个冷酷无情的人，身边的人都不太喜欢他。 • 他之前总是热心地帮助别人，现在成了大老板，却变得冷酷无情了。
10	发扬光大		义 发扬：发展，提倡。使美好的事物不断得到发展、提高。 用 可做谓语，含褒义。 例 • 勤劳勇敢、热爱和平，这些中华民族的传统美德应该发扬光大。 • 参加奥运会最重要的不是输赢，而是把"更快、更高、更强——更团结"的奥运精神发扬光大。
11	大包大揽		义 把事情、任务等全部承担起来。 用 可做谓语、定语。 例 • 老王既没有什么钱，也没有什么能力，却总是对朋友的事大包大揽。 • 父母对孩子的事不能大包大揽，适当放手对孩子的成长有益无害。
12	有的放矢		义 的：箭靶子；矢：箭。对准靶子射箭，比喻说话或做事有明确的目的，有针对性。 用 可做谓语、状语、定语，含褒义。 例 • 心理医生能够快速了解病人出现心理问题的原因，有的放矢地提供帮助。 • 教师需要了解不同年龄段学生的认知特点，这样才能在教学中有的放矢。

13	所作所为		义 指人所做的事情。 用 可做主语、宾语。 例 • 大卫经常帮助别人，他的所作所为得到了大家的赞扬。 • 父母的所作所为会直接影响孩子的成长。
14	一举一动		义 举、动：动作，行为。指人的言谈举止。 用 可做宾语、主语。 例 • 警察认真观察犯罪嫌疑人的一举一动，暂时还没有发现可疑的地方。 • 对小明来说，心上人的一举一动都那么让人着迷。
15	一言一行		义 言：话。指人的言谈举止。 用 可做主语、宾语。 例 • 父亲的一言一行给孩子们树立了很好的榜样。 • 老师应该注意自己的一言一行，为学生做好榜样。
16	耳闻目睹		义 闻：听见；睹：看见。亲眼看见，亲耳听见。 用 可做谓语、定语。 例 • 弟弟刚刚从国外旅游回来，现在正在和奶奶讲他耳闻目睹的新鲜事。 • 小明说："昨天一个粗心的司机倒车时，'砰'的一声撞到了路边的电线杆上。这可是我耳闻目睹的，绝对真实！"

3 练 习

一、根据意思写出成语

1. 亲眼看见，亲耳听见。
2. 对准靶子射箭，比喻说话或做事有明确的目的，有针对性。
3. 不再做坏事，走上正路。
4. 把事情、任务等全部承担起来。
5. 使美好的事物不断得到发展、提高。
6. 使别人受到损失而使自己得到好处。
7. 指耍花招儿，欺骗人。
8. 没有哪样坏事不干，形容人极坏。
9. 罪恶行为的首要分子，也指灾祸的主要原因。
10. 趁着别人有危险或困难时，伤害别人或取得利益。

二、选出画线字在成语中的意思

1. 罪<u>魁</u>祸首（　　）
   A. 鬼　　　　　B. 为首的　　　　C. 身材高大

2. <u>耳</u>闻目睹（　　）
   A. 新闻　　　　B. 名声　　　　　C. 听见

3. <u>乘</u>人之危（　　）
   A. 骑　　　　　B. 趁着　　　　　C. 顺便

4. 有<u>的</u>放矢（　　）
   A. 目的　　　　B. 助词　　　　　C. 箭靶子

5. 沽名<u>钓</u>誉（　　）
   A. 天津　　　　B. 卖　　　　　　C. 买

第二十一课 21

三、选择合适的成语填空

（一） A. 罪魁祸首 B. 无恶不作 C. 乘人之危 D. 一言一行 E. 损人利己 F. 沽名钓誉

1. 班干部应该为同学服务，怎么能做这种（　　）的事呢？
2. 这些冠状病毒是导致肺炎的（　　）。
3. 一个人是否值得信任，从他平时的（　　）就可以看出来。
4. 这家伙在村子里（　　），大家都对他恨之入骨。
5. 这家企业每次参与慈善活动都大肆宣扬，很多人认为这不过是在（　　）罢了。
6. 有些商家以次充好，他们必将为这种（　　）的行为付出代价。
7. 有些无良商家（　　），在战争时期抬高物价。
8. 老师的（　　）会直接影响学生的成长。
9. 这一带空气污染的（　　）是工厂大量排放的工业废气。
10. 他可是真心诚意地参与慈善工作的，和那些（　　）的人不一样。
11. 真难想象，他表面上看起来非常友善，实际上却是一个（　　）的人。
12. 我们应该用合法的方式获得财富，绝对不能（　　），发不义之财。

（二） A. 改邪归正 B. 一举一动 C. 冷酷无情 D. 发扬光大 E. 大包大揽

1. 他以前是个小偷，坐了几年牢，如今已经（　　）了。
2. 家务活总是妈妈一个人（　　），爸爸却什么也不干，我觉得十分不公平。
3. 无论小女孩儿如何求他，他都不愿意帮忙，谁都不能打动他那颗（　　）的心。
4. 这位年轻的艺术家正努力把家族传统（　　）。
5. 老师在课堂上要特别注意自己的（　　）。
6. 小刚的同事有退伍军人，有网络红人，还有曾经走上歧途、现在（　　）的人。
7. 除了完成自己的工作，他还总是对同事的工作（　　）。
8. 城管不让小摊贩在路边卖东西，并不是因为他们（　　），而是为了创造更好的城市环境。
9. 小明立志长大后做一名戏曲演员，将中国的戏曲传统（　　）。
10. 明星的（　　）都受到公众的关注。

（三） A. 有的放矢　B. 所作所为　C. 无情无义　D. 弄虚作假　E. 耳闻目睹

1. 新研制的药物能更（　　）地防治这类疾病。
2. 这位作家经常把自己（　　）的事写进小说里，因此他的小说读起来十分真实、自然。
3. 我多年的朋友竟然是个（　　）的人，真令人生气。
4. 人总要学会成长，对自己的（　　）负责。
5. 进行学术研究要严格要求自己，坚决不能（　　）。
6. 老师说，复习的时候要（　　），抓住重点，这样才能提高效率。
7. 在这家公司工作了八年，（　　）了某些领导的所作所为，我最终选择辞职。
8. 好朋友遇到困难了，我得尽力帮助他，不能做（　　）的人。
9. 在体育比赛中，我们要反对一切（　　）的行为，共同维护比赛的公平。
10. 小孩子总是会被大人的（　　）影响，所以在孩子面前，大人要格外注意自己的一言一行。

四、根据对话情景，用所给成语造句，将对话补充完整

1. 罪魁祸首

对话情景：小明眼睛不舒服，下班路上，他和小红说起上周去医院看眼睛的事。

对话人物：小明和小红

对话地点：下班路上

对话内容：

小明：我上周眼睛不舒服，医生检查后说没什么问题，但这两天还是感觉不太好。

小红：是不是长时间看电脑、用眼过度导致的？

小明：你这么一说我想起来了，上周一直在忙项目，几乎每天都在电脑前工作。

小红：_____。

小明：是啊，看来以后要注意保护自己的眼睛了。

小红：嗯，在电脑前工作一段时间后，你可以站起来眺望一下远处，放松眼睛。

第二十一课　21

2. 损人利己

对话情景：实习培训结束后，小徐向这次的主讲人李经理请教成功经验。

对话人物：小徐和李经理

对话地点：培训室

对话内容：

小　徐：听说您大学毕业就进入这家公司，用十年时间从小职员做到了总经理，我很佩服您，想向您请教一下成功的经验。

李经理：这个问题很多人问过我，我觉得有一点非常重要，就是做事不要太看重利益，_____。

小　徐：我总是害怕自己没有什么成就，有时候感觉压力很大。

李经理：有压力很正常，你还年轻，保持初心，以后一定会成功的。

3. 发扬光大

对话情景：小夏排球比赛失利，心情有些郁闷，周末他和马克在公园里聊起了比赛的事。

对话人物：小夏和马克

对话地点：公园

对话内容：

小夏：这里的景色真美，空气也好。

马克：怎么样？感觉心情好些了吗？

小夏：如果上次排球比赛我们再努力一点儿，说不定就能多得几分，赢得比赛。

马克：过去的事情就让它过去吧！我觉得参加比赛最重要的不是输赢，_____ _____。

4. 有的放矢

对话情景：最近电器城搞了一场促销活动，但效果并不是很理想。王经理向员工小赵询问最近冰箱的销售情况。

对话人物：王经理和小赵

对话地点：办公室

对话内容：

王经理：你们这个月冰箱卖得怎么样？

小　刘：我们推出了"以旧换新"活动，但是这个活动对客户的吸引力不太大，冰箱的销量并没有达到预期的效果。

王经理：在推出活动前，我们首先要了解客户的需求，_____。

小　刘：好的，王经理。我们会吸取这次的经验教训，以后做活动一定提高针对性。

5. 一言一行

对话情景：期末家长会后，有家长向老师反映孩子放假在家经常玩手机、看电视，李老师建议家长让孩子养成良好的习惯。

对话人物：家长和李老师

对话地点：教室外的走廊

对话内容：

家　长：李老师，孩子一放假就在家里玩手机、看电视，从来不会主动去阅读。

李老师：这样是不行的。孩子从小就要养成良好的习惯，这样才有利于今后的成长。

家　长：可是，李老师，我们家长该怎么做呢？

李老师：首先，家长自己要做好孩子的榜样，在孩子面前尽量不玩手机、不看电视，多陪孩子阅读，_____。

家　长：谢谢李老师。我以后一定会严格要求自己，做好孩子的榜样。

扫码看答案

第二十二课 22

1 生词表

1	爱不释手	àibúshìshǒu	love sth. too much to part with it
2	念念不忘	niànniàn-búwàng	bear in mind constantly
3	如醉如痴	rúzuì-rúchī	as if intoxicated and stupefied—be in ecstasies (over sth.)
4	恋恋不舍	liànliàn-bùshě	be reluctant to part with
5	依依不舍	yīyī-bùshě	be reluctant to part
6	情不自禁	qíngbúzìjīn	cannot refrain from (doing sth.)
7	喜出望外	xǐchūwàngwài	overjoyed

8	津津有味	jīnjīn-yǒuwèi	with keen pleasure
9	眉开眼笑	méikāi-yǎnxiào	be all smiles
10	愁眉苦脸	chóuméi-kǔliǎn	look worried and depressed
11	兴高采烈	xìnggāo-cǎiliè	jubilant
12	前仰后合	qiányǎng-hòuhé	stagger forward and backward
13	得意扬扬	déyì-yángyáng	be inflated with pride
14	面红耳赤	miànhóng-ěrchì	be red in the face
15	恼羞成怒	nǎoxiū-chéngnù	turn shame into anger

第二十二课 22

2 成语释义及例句

1 爱不释手

义 释：放下。喜爱得舍不得放下。

用 可做谓语、状语。

例
- 小光一直抱着爸爸送的洋娃娃，简直爱不释手。
- 这本小说非常有意思，我爱不释手地捧着读了起来。

2 念念不忘

义 念念：时时想着。时时刻刻惦记着，不能忘怀。

用 可做谓语。

例
- 她离开家乡十多年了，仍对那里念念不忘。
- 奶奶对那些在困难的日子里帮助过她的人念念不忘。

3 如醉如痴

义 醉：陶醉；痴：痴迷，入迷。形容对人或事物过于着迷而不能自制。

用 可做谓语、状语、补语。

例
- 音乐会上，他如醉如痴地弹奏着钢琴，听众也都沉浸在美妙的乐曲中。
- 这部电影的情节紧张刺激，观众看得如醉如痴。

4 恋恋不舍

义 恋恋：十分留恋；舍：舍弃。形容极为留恋，舍不得离开。

用 可做谓语、状语、定语。

例
- 哥哥跟女朋友告别时一副恋恋不舍的样子。
- 高中毕业时，老师恋恋不舍地把我们送出了校门。

225

5	依依不舍		义 依依：留恋的样子。形容非常留恋而舍不得分离。 用 可做谓语、状语、定语。 例 • 看他们俩分别时那依依不舍的样子，一定是在热恋中吧？ • 和亲人团聚了几天之后，他依依不舍地离开了家乡。
6	情不自禁		义 禁：忍住。控制不住自己的感情。 用 可做谓语、状语。 例 • 那个演员的表演实在太搞笑了，大家情不自禁，都哈哈大笑起来。 • 站在领奖台上看着国旗慢慢升起的时候，他情不自禁地流下了眼泪。
7	喜出望外		义 望外：希望或意料之外。因发生没想到的好事而特别高兴。 用 可做谓语、状语、定语，含褒义。 例 • 今天我见到了最喜欢的歌手，还得到了她的签名，真是喜出望外！ • 哥哥成功入职了那家知名的跨国公司，我们全家人都喜出望外。
8	津津有味		义 津津：有滋味，有趣味。形容兴味特别浓厚。 用 可做谓语、状语、补语。 例 • 妹妹津津有味地吃着妈妈给她买的糖葫芦。 • 新来的老师讲课特别生动，同学们都听得津津有味。

9	眉开眼笑		义 开：展开。眉毛舒展，两眼充满笑意，形容高兴愉快的样子。 用 可做谓语、状语、定语，含褒义。 例 • 听到我考上重点大学的消息，一家人都眉开眼笑地夸奖我。 • 他一整天都眉开眼笑的，一看就知道心情不错。
10	愁眉苦脸		义 由于忧愁、苦恼而眉头紧皱，哭丧着脸。 用 可做谓语、定语。 例 • 看你愁眉苦脸的，一定是遇到什么不顺心的事了吧？ • 她愁眉苦脸的样子让父母很担心。
11	兴高采烈		义 兴：兴致；采：精神；烈：强烈。形容兴致很高，情绪热烈。 用 可做谓语、状语、定语，含褒义。 例 • 一听到周末去郊游的消息，大家都兴高采烈地讨论起来。 • 在山顶上看到日出的美景，游客们一个个兴高采烈。
12	前仰后合		义 形容身体前后摇晃（多指大笑时）。 用 可做状语、补语。 例 • 他的笑话还没讲完，周围的人就已经笑得前仰后合了。 • 他醉得前仰后合，连路都走不了。

13	得意扬扬		义 扬扬：得意的样子。形容十分得意的样子。 用 可做谓语、状语、定语。 例 • 得到老师的表扬，小刘同学得意扬扬地比了个胜利的手势。 • 我们班的篮球队赢了比赛，同学们一脸得意扬扬，兴奋地回到了教室。
14	面红耳赤		义 形容因为激动、羞愧、用力等而脸上发红的样子。 用 可做谓语、补语、状语、定语。 例 • 他一上台演讲就变得面红耳赤，紧张得话都说不出来。 • 他俩面红耳赤地争吵着，谁也不退让。
15	恼羞成怒		义 因气恼和羞愧而发怒。 用 可做谓语、状语、定语，含贬义。 例 • 面对记者的质疑，这位发言人恼羞成怒，大吼几声就离开了会场。 • 李秘书拒绝了王经理的追求，王经理竟然恼羞成怒地将她开除了。

第二十二课 22

3 练习

一、根据意思写出成语

1. 形容因为激动、羞愧、用力等而脸上发红的样子。
2. 因发生没想到的好事而特别高兴。
3. 控制不住自己的感情。
4. 时时刻刻惦记着，不能忘怀。
5. 形容对人或事物过于着迷而不能自制。
6. 形容身体前后摇晃（多指大笑时）。

二、选出画线字在成语中的意思

1. 爱不释手（   ）
   A. 解释　　　　　B. 放下　　　　　C. 释然

2. 喜出望外（   ）
   A. 向外看　　　　B. 名望之外　　　C. 希望或意料之外

3. 情不自禁（   ）
   A. 禁止　　　　　B. 忍住　　　　　C. 禁忌

4. 如醉如痴（   ）
   A. 不聪明的　　　B. 生病的　　　　C. 痴迷，入迷

5. 得意扬扬（   ）
   A. 传播出去　　　B. 长得漂亮　　　C. 得意的样子

三、选择合适的成语填空

（一）A. 爱不释手　B. 念念不忘　C. 如醉如痴　D. 恋恋不舍　E. 得意扬扬

1. 瞧他那（   ）的样子，最近一定是遇到什么好事了。
2. 虽然已经过去十多年了，但他对那位曾经救过他的医生还是（   ）。

229

3. 他刚买了一本小说，看得（　　　）、废寝忘食。

4. 这家瓷器店里摆满了精巧的中式瓷器，件件都令人（　　　）。

5. 在父母的催促下，孩子们（　　　）地离开了游乐场。

6. 直到生命的最后时刻，爷爷都对自己的祖国（　　　）。

7. 雨点滴滴答答地落在地上，好像一首动人的歌谣，让人（　　　）。

8. 旅行结束，我（　　　）地坐上了回家的旅游大巴。

9. 这只做工精细的银杯是他（　　　）的珍藏品。

10. 瞧小刚进门时那（　　　）的神态，妈妈就知道今天的足球赛准是他们班赢了。

（二）A. 情不自禁　B. 喜出望外　C. 津津有味　D. 眉开眼笑　E. 愁眉苦脸

1. 正在举行婚礼的这对新人（　　　）地接受着大家的祝福。

2. 小王厨艺很好，他做的菜大家都吃得（　　　）。

3. 本来以为这次考试考得不太好，结果却得了80多分，真是让我（　　　）。

4. 久别重逢，他们（　　　）地奔向对方，紧紧拥抱在一起。

5. 看他那（　　　）的样子，就知道问题还没解决。

6. 小明放学回到家，看到爸爸给他买了一台新电脑，真是（　　　）。

7. 他（　　　）地读着新买的书，丝毫没发现外面下起了雨。

8. 看着电影中那一幕感人的场景，我（　　　）地流下了眼泪。

9. 明天就放假了，从学校里走出来的小学生个个都（　　　）。

10. 拿到成绩单之后，考得不好的同学一个个都（　　　）的。

（三）A. 兴高采烈　B. 前仰后合　C. 依依不舍　D. 面红耳赤　E. 恼羞成怒

1. 球赛虽然已经结束，但球迷们仍（　　　）地谈论着刚才比赛的情况。

2. 他一看到自己喜欢的姑娘，便紧张得（　　　）。

3. 这次的合同没有谈成，经理（　　　），在办公室里大喊大叫，吓得员工们都不敢说话。

4. 这位相声演员很厉害，每次一开口，台下的观众便笑得（　　　）。

第二十二课 22

5. 分别时，大家都流下了（　　　）的眼泪。

6. 朋友们正在（　　　）地讨论着周末开派对的事情。

7. 这部喜剧电影让他笑得（　　　）。

8. 他俩刚刚吵得（　　　），这会儿却又亲密地牵起了手。

9. 大学四年，我们宿舍四个人相处得特别好，马上就要毕业了，大家都觉得（　　　）。

10. 谈判失败后，双方代表都（　　　）地互相指责对方。

四、根据对话情景，用所给成语造句，将对话补充完整

1. 念念不忘

对话情景：王明和刘丽一边在操场上散步，一边商量假期旅行的事情。

对话人物：王明和刘丽

对话地点：学校操场

对话内容：

王明：假期我们一起去旅行吧！你想去哪儿？有计划了吗？

刘丽：我还是想去杭州。

王明：想起来了，你前两年就一直想去，但因为各种事情耽误了。

刘丽：对，我想去杭州西湖看看，顺便坐坐那里的手摇船。

王明：_____。我现在就上网买票。

2. 津津有味

对话情景：玛丽在学校的文艺会演上表演京剧，邀请小雨观看。演出结束后，两人聊起了这次演出。

对话人物：玛丽和小雨

对话地点：学校演出厅

对话内容：

小雨：没想到你作为一个外国人，能把京剧唱得这么好，_____。

231

玛丽：我经常跟着电视学唱京剧，慢慢地自己就学会了。

小雨：你真是太厉害了！以前专门学过音乐吗？

玛丽：对，以前学过，有一定的音乐基础，所以学习京剧唱法就比较容易。

3. 情不自禁

对话情景：小刚和小丽约好见面，小刚迟到了，他向小丽解释原因。

对话人物：小丽和小刚

对话地点：小丽家

对话内容：

小丽：我们约好的是下午两点在我家见面，你怎么迟到了？我等了半天了。

小刚：不好意思，来的路上我看见有人在街头唱歌，唱得很好，_____
_____。

小丽：是在我家前面的那条街吗？听你这么一说，我也想去看看了。

小刚：对，就在前面。走，我们一起去看吧。

4. 愁眉苦脸

对话情景：同事前段时间帮了小丽，为表示感谢，小丽想请同事吃饭，但一直没有找到合适的地方。下班路上，小丽碰见好友小刚后便说起了这事。

对话人物：小丽和小刚

对话地点：下班路上

对话内容：

小刚：小丽，你怎么了？_____。

小丽：我想请同事吃饭，但一直没找到合适的饭馆。

小刚：那你可以请他去听音乐会。

小丽：音乐会现在已经买不到票了。

小刚：那你们可以去公园走走，带点儿吃的，一起去野餐。

小丽：这是个好主意，我回家就去准备一下。

5. 恼羞成怒

对话情景：小夏最近一段时间一直没来上班，同事小王和小罗中午吃饭时谈起了这件事。

对话人物：小王和小罗

对话地点：公司食堂

对话内容：

小王：最近怎么没见小夏来上班？

小罗：听别人说她辞职了。

小王：这也太突然了，是什么原因呢？之前不是还干得好好的吗？

小罗：_____，一气之下就递交了辞职信。

扫码看答案

23 第二十三课

成语故事二则及综合练习

画龙点睛

画龙点睛	义 比喻作文或说话时在关键地方加上精辟的语句，使内容更加生动传神。 用 可做谓语、状语、定语，含褒义。 例 • 这盆花往窗台上一放，真是画龙点睛，让整个客厅都显得生气勃勃起来。 • 老师说这篇作文的题目太平淡无奇，帮我改了个题目，一下子起到了画龙点睛的效果。

1 课 文

传说古代有个画家在墙上画了四条龙，这四条龙画得像真的一样，围观的人都说画得好极了。但仔细看时，人们却发现这些龙都没有眼珠。大家觉得非常奇怪，就请画家把眼珠添上去。画家说："不行，要是我画上眼珠，龙就会飞走的。"众人不信，都以为他在开玩笑。在大家的一再要求下，画家只好提起笔来，在墙上轻轻点了几下。突然间，乌云密布，电闪雷鸣，被点上眼珠的两条龙一下子飞到天上去了，而另外两条没有点眼珠的龙还都在墙上。

第二十三课 23

2 生 词

1	画龙点睛	huàlóng-diǎnjīng	bring the painted dragon to life by putting in the pupils of its eyes—add the touch that brings a work of art to life
2	围观	wéiguān	to look on
3	眼珠	yǎnzhū	eyeball
4	添	tiān	to add
5	乌云密布	wūyún mìbù	cloud over
6	电闪雷鸣	diànshǎn-léimíng	lightning and thunder

画蛇添足

2 画蛇添足

义 比喻做多余的事，反而不恰当。

用 可做谓语、定语、宾语，含贬义。

例
- 这个菜本来已经放过盐了，但他又加了不少酱油，结果画蛇添足，咸得要命。
- 你已经充分说明了你的想法，大家也都了解了，再多说就是画蛇添足了。

235

1 课文

　　古代有个贵族，一天赏给手下的人一壶酒，人多酒少，酒不够分。大家商量说："我们在地上画蛇，先画完的人就可以喝了那壶酒。"有一个人很快就画好了，便端起了酒壶。他一看别人都还在画，就笑着说："你们画得太慢了，我给蛇加上几只脚也都来得及！"正在他给蛇画脚的时候，另一个人也画好了，那人一把夺去酒壶说："蛇本来就没有脚，你给蛇添上脚，那还是蛇吗？"大家也都说他画的不是蛇。那个给蛇画脚的人，最终丢掉了到嘴边的那壶美酒。

2 生词

1	画蛇添足	huàshé-tiānzú	draw a snake and add feet to it; ruin the effect by adding sth. superfluous
2	贵族	guìzú	noble
3	手下	shǒuxià	subordinates
4	壶	hú	pot
5	端	duān	to hold sth. level with both hands
6	酒壶	jiǔhú	wine pot
7	夺	duó	to seize

第二十三课

综合练习

（16—22课）

一、判断下列成语的使用是否正确

1. 被警察抓捕后，小偷光明磊落地承认了自己的盗窃行为。（　）
2. 这个足智多谋的诈骗犯已经骗了几千人，诈骗金额高达千万。（　）
3. 这个学生学习很刻苦，经常向老师不耻下问。（　）
4. 他深爱着妻子，不管遇到什么风风雨雨都全心全意地对待妻子。（　）
5. 大家排好队，一个一个买，别在那里争先恐后了。（　）
6. 父母对孩子的事情大包大揽，本意是想给孩子最好的照顾，结果却使孩子失去了成长的机会。（　）
7. 今天的家庭聚会，妈妈做的菜特别棒，大家觉得每个菜都津津有味。（　）
8. 我们打算去西藏旅行，但是人太多了，我们不得不半途而废地返回了。（　）
9. 演出结束后，前赴后继的观众从剧院中走出来。（　）
10. 妈妈特别关心我，每天对我指手画脚地告诉我该怎么做。（　）
11. 老板是个十分热情的人，对待每一位顾客都是盛气凌人的模样。（　）
12. 我如醉如痴着他弹奏的优美的乐曲。（　）
13. 他为了沽名钓誉而发愤图强、努力奋斗。（　）
14. 很多人对这次水灾中的灾民伸出援手，其中的罪魁祸首就是那位大慈善家。（　）
15. 他一直在那儿前仰后合着，没有人知道原因。（　）
16. 他从小就是个书迷，爱不释手每一本书。（　）
17. 这位老人十分节俭，总是见钱眼开、一毛不拔。（　）
18. 不知道玛丽最近遇到了什么麻烦，这几天一等莫展的样子真让人担心。（　）
19. 这对夫妻离婚后就各奔前程了。（　）
20. 这位老母亲为了供三个孩子上大学而精打细算地算计每一分钱。（　）

二、请把下列成语填入合适的类别中

1. 光明磊落　　　2. 大包大揽　　　3. 彬彬有礼
4. 灵机一动　　　5. 发愤图强　　　6. 兢兢业业
7. 自强不息　　　8. 全力以赴　　　9. 想方设法
10. 千方百计　　　11. 坚持不懈　　　12. 持之以恒
13. 废寝忘食　　　14. 前赴后继　　　15. 齐心协力
16. 众志成城　　　17. 同舟共济　　　18. 冷酷无情
19. 轻而易举　　　20. 盛气凌人

A. 表示做事努力、坚持的成语：_____

B. 和人的性格或品质有关的成语：_____

C. 表示大家共同努力的成语：_____

D. 和想办法有关的成语：_____

E. 表示对待人或事态度的成语：_____

三、在空格中填入合适的汉字，使每个成语都成立

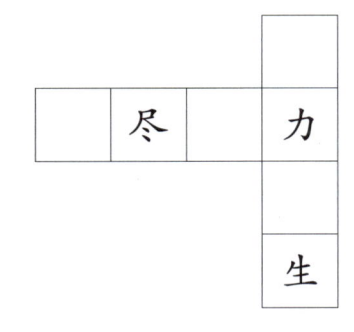

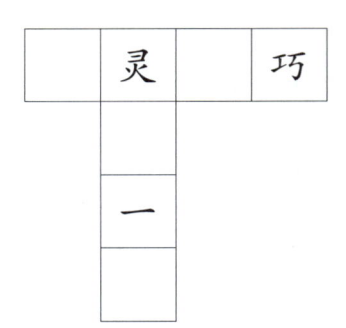

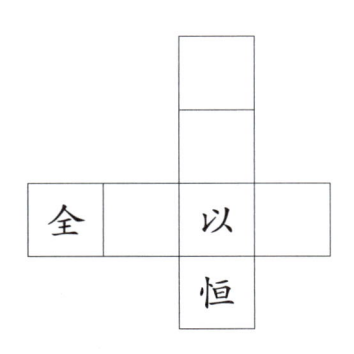

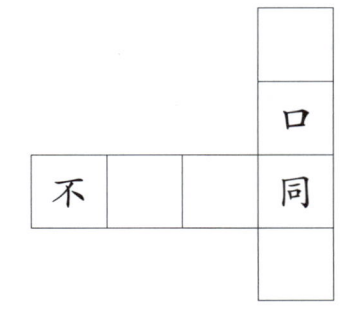

（□ 尽 □ 力 / 生） （灵 □ 巧 / 一 / □）

（全 □ 以 / 恒） （不 □ □ 同 / 口 / □）

238

　　　　不　心
　　　　手

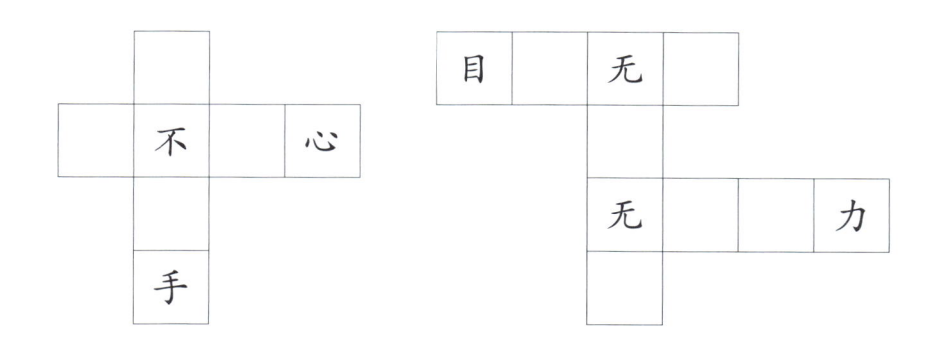

目　无
无　　力

四、小组活动

爱不释手	念念不忘	如醉如痴
恋恋不舍	依依不舍	情不自禁
喜出望外	津津有味	眉开眼笑
愁眉苦脸	兴高采烈	前仰后合
得意扬扬	面红耳赤	恼羞成怒

活动要求

2—4人一组，从上面选一个成语进行表演，或者用它说说自己的经历。

扫码看答案

24 第二十四课

1 生词表

1	毫不犹豫	háo bù yóuyù	have no hesitation whatsoever
2	胸有成竹	xiōngyǒuchéngzhú	a painter has the image of bamboo in his mind before he paints it—have a well-thought-out plan
3	不假思索	bùjiǎ-sīsuǒ	(respond) without thinking
4	司空见惯	sīkōng-jiànguàn	be a common sight
5	记忆犹新	jìyì-yóuxīn	remain fresh in one's memory
6	犹豫不决	yóuyù-bùjué	hesitate over
7	难以置信	nányǐ-zhìxìn	beyond belief

8	半信半疑	bànxìn-bànyí	be half-believing, half-doubting
9	耐人寻味	nàirénxúnwèi	be worth pondering over
10	一目了然	yímù-liǎorán	be clear at a glance
11	迷惑不解	míhuò-bùjiě	feel puzzled (about)
12	不可思议	bùkě-sīyì	be inconceivable beyond comprehension
13	莫名其妙	mòmíngqímiào	be unable to make head or tail of sth.
14	似是而非	sìshì-érfēi	seeming (to be) right
15	半真半假	bànzhēn-bànjiǎ	partly true, partly false

2 成语释义及例句

1	毫不犹豫		义 毫：丝毫，一点儿。一点儿不犹豫，指做事果断。 用 可做谓语、状语。 例 • 为抢救落水儿童，小李毫不犹豫地跳进了冰冷的水中。 • 因为我们是朋友，所以不管你遇到什么难事，我都会毫不犹豫地帮忙的。
2	胸有成竹		义 画竹子时心里有一幅竹子的形象，比喻做事之前已经有了通盘的考虑。 用 可做谓语、状语、定语，含褒义。 例 • 这位画家的绘画技艺十分高超，在落笔之前就已经胸有成竹了。 • 我胸有成竹地对妈妈说："我已经认真复习了很长时间了，这次考试肯定没问题。"
3	不假思索		义 假：凭借，依靠。用不着想，形容说话办事迅速、果断。 用 可做谓语、状语、定语。 例 • 老师问了李明一道很难的数学题，聪明的李明不假思索地说出了正确答案。 • 他打算卖掉现在住的房子，离开这座城市，于是不假思索地把房子里的家具都送给了朋友。
4	司空见惯		义 指看惯了就不觉得奇怪。 用 可做谓语、定语。 例 • 节假日堵车已经是司空见惯的事了。 • 北方人对冬天下雪早已司空见惯了。

5	记忆犹新	义	犹：仍然，还。过去的事情仍然留在脑海中，像刚发生的一样。
		用	可做谓语、定语。
		例	• 我的家乡近年来发生了很大的变化，但从前的样子我至今记忆犹新。 • 已经十年过去了，可一些受难者对当年惊心动魄的火灾场面还是记忆犹新。
6	犹豫不决	义	拿不定主意，下不了决心。
		用	可做谓语。
		例	• 这两个包都很好看，我犹豫不决，不知道该买哪一个。 • 想要辞职的小刚仍有些犹豫不决，因为他担心找不到更好的工作。
7	难以置信	义	很难相信。
		用	可做谓语。
		例	• 经过十几年的发展，这个小村庄变成了国际化的大都市，这样的速度真令人难以置信。 • 我认真复习了很长时间，考试成绩居然不及格，真是难以置信。
8	半信半疑	义	一半相信，一半怀疑，表示对事情的真假不敢肯定。
		用	可做谓语、状语、定语。
		例	• 张强说自己以前是歌手，但大家对他的话半信半疑。 • 刘厂长说下个月给员工们涨工资，大家对此半信半疑。

9	耐人寻味		义 耐：禁得起。指意味深长，禁得起仔细思考体会。 用 可做谓语、定语。 例 • 蒙娜丽莎的微笑耐人寻味，这幅画也成了达·芬奇最有名的代表作之一。 • 小李对我说了一句耐人寻味的话，我想了一夜也没想明白。
10	一目了然		义 目：看；了然：清楚，明白。一眼就能看清楚。 用 可做谓语、定语。 例 • 这份总结重点突出，条理分明，让人一目了然。 • 我把今天的时间安排用饼图展示了出来，每个时间段该干什么一目了然。
11	迷惑不解		义 解：理解。指对某事非常疑惑，很不理解。 用 可做谓语、状语、定语。 例 • 虽然这道题数学老师已经讲过好几遍了，但同学们还是迷惑不解。 • 小明迷惑不解地问爸爸："我房间里的玩具怎么都不见了？"
12	不可思议		义 对事物、情况、言行等难以想象、不能理解。 用 可做谓语、定语、补语。 例 • 这辆汽车是怎么开到树上去的？太不可思议了！ • 平时成绩不太好的小刚这次考了满分，让老师和同学都觉得不可思议。

244

第二十四课 24

13	莫名其妙		义 莫：没有谁；名：说出。没有人能说出它的奥妙（道理），表示事情很奇怪，使人难以理解。 用 可做谓语、状语、定语。 例 • 小方在演讲比赛中说了一些和主题没有关系的话，评委老师都感到莫名其妙。 • 小明昨天还同意周末去看电影，今天又说自己不想去了，真有点儿莫名其妙。
14	似是而非		义 似：好像；是：对的；非：错的。好像是对的，但实际上是错的。 用 可做谓语、状语、定语，含贬义。 例 • 他的解释似是而非，难以让人信服。 • 这些似是而非的道理根本经不起推敲。
15	半真半假		义 一半真心，一半假意，形容不是真心真意。 用 可做谓语、定语。 例 • 小明说话总是半真半假，所以大家都不喜欢他。 • 网络时代，对于网上那些半真半假的消息，我们不能随便相信。

245

3 练习

一、根据意思写出成语

1. 画竹子时心里有一幅竹子的形象,比喻做事之前已经有了通盘的考虑。
2. 一半真心,一半假意,形容不是真心真意。
3. 好像是对的,但实际上是错的。
4. 指意味深长,禁得起仔细思考体会。
5. 过去的事情仍然留在脑海中,像刚发生的一样。
6. 指看惯了就不觉得奇怪。
7. 一点儿不犹豫,指做事果断。
8. 用不着想,形容说话办事迅速、果断。
9. 拿不定主意,下不了决心。

二、选出画线字在成语中的意思

1. 毫不犹豫（　　）
   A. 细毛　　　　B. 毛笔　　　　C. 丝毫,一点儿

2. 不假思索（　　）
   A. 凭借,依靠　　B. 不真实的　　C. 假期

3. 记忆犹新（　　）
   A. 犹豫　　　　B. 仍然,还　　　C. 好像

4. 耐人寻味（　　）
   A. 禁得起　　　B. 耐用　　　　C. 耐烦

5. 一目了然（　　）
   A. 眼睛　　　　B. 目录　　　　C. 看

第二十四课 24

三、选择合适的成语填空

（一） A.毫不犹豫　B.不可思议　C.不假思索　D.司空见惯　E.记忆犹新

1. 多读书，多积累，你就能（　　）地说出名人名言。
2. 小李跟女朋友分手好几年了，但对跟她在一起的日子仍然（　　）。
3. 为了祖国能更加繁荣富强，年轻人应该（　　）地贡献自己的力量。
4. 我们对这里的一些风俗习惯感到很新奇，导游却说这在当地是（　　）的事。
5. 他在这场交通事故中竟然毫发未伤，简直（　　）！
6. 对于十年前那场车祸，我至今仍然（　　）。
7. 小刚平时学习很认真，这次遇到难题他（　　）地就解了出来。
8. 如果你拥有一双善于发现美的眼睛，那么在别人（　　）的事物上也可能发现美。
9. 这种生物的血液是蓝色的，你是不是觉得（　　）？
10. 最好的朋友遇到困难时，她（　　）地伸出了援手。

（二） A.犹豫不决　B.难以置信　C.半信半疑　D.耐人寻味　E.一目了然

1. 我（　　）地看着妈妈，没想到她那么瘦，竟能搬动100多斤的大米！
2. 虽然玲玲说得有道理，但大家仍是（　　），总觉得有些地方她做得不对。
3. 那部电影的结局（　　），让我久久无法忘怀。
4. 这个陈列室宽敞明亮，展品摆放有序，让人（　　）。
5. 这个故事如此离奇，真让人（　　）。
6. 大学毕业后该继续深造还是开始工作，我有些（　　）。
7. 他把昨天那件事的来龙去脉写得清楚、完整，使人（　　）。
8. 大家都说苹果很甜，小明看着还没变红的苹果，（　　）地咬了一口。
9. 妈妈给我讲了一个（　　）的故事，让我深受启发。
10. 今天周末，小玲又想去逛公园，又想去看电影，一时（　　），不知该如何选择。

（三） A.迷惑不解　B.胸有成竹　C.莫名其妙　D.似是而非　E.半真半假

1. 他的行为总是（　　），让人难以捉摸。

2. 他的观点听起来好像有道理，实际上（　　　），根本站不住脚。

3. 这个世界上还有很多让人感到（　　　）的现象，需要我们继续去研究、探索。

4. 作为一名经验丰富的老师，他（　　　）地接下了这项难度很大的教学任务。

5. 做人要真诚，（　　　）的话跟谎言一样让人讨厌。

6. 如果对一篇文章的中心思想感到（　　　），那就多读几遍，一定可以弄明白的。

7. 这个理论（　　　），缺少说服力。

8. 老师在课堂上出了一个难题，但我还是（　　　）地说出了答案。

9. 他的这段留学经历（　　　），你不能完全相信，也不能完全不信。

10. 我正在看书，妹妹（　　　）地跑过来抱了我一下。

四、根据对话情景，用所给成语造句，将对话补充完整

1. 毫不犹豫

对话情景：最近上映了一部新电影，小明准备邀请小刚周末一起去看。

对话人物：小明和小刚

对话地点：回家路上

对话内容：

小明：我买了两张电影票，这个周末我们一起去看电影吧。

小刚：我记得你很少去电影院看电影，总是喜欢宅在家里看电视剧。

小明：因为这部电影里有我最喜欢的明星，_____。

小刚：好啊，那周末我们一起去，到时候我去找你。

2. 胸有成竹

对话情景：明天就要期末考试了，小夏有点儿紧张，便找好朋友马克聊天儿，缓解自己紧张的情绪。

对话人物：小夏和马克

对话地点：教室

第二十四课 24

对话内容：

小夏：马克，你看起来对这次的考试很有把握。

马克：最近我一直在认真复习，感觉努力不会白费，一定会取得好成绩的。

小夏：_____。我担心自己考不好，现在紧张极了。

马克：没关系，只是一场考试而已。你也很努力，结果一定差不了，我们要对自己有信心。

3. 记忆犹新

对话情景： 下班路上，小罗遇到了老同学，便告诉对方自己要结婚的好消息。

对话人物： 小罗和同学

对话地点： 下班路上

对话内容：

小罗：下个月我和小美结婚，欢迎你来参加我们的婚礼。

同学：_____，没想到这么快就要结婚了。

小罗：对啊，从那次聚会到现在，我们俩认识都快五年了。

同学：恭喜啊！婚礼我一定到！

4. 难以置信

对话情景： 小红最近在网上买的很多东西快递到了公司，同事小明看见后便跟小红聊起网络购物来。

对话人物： 小明和小红

对话地点： 公司休息室

对话内容：

小明：你这些东西都是在网上买的吗？现在线上购物可真方便啊！

小红：是啊，我现在经常用手机在网上买东西。

小明：记得几年前几乎还都是线下交易，如今足不出户就能通过手机买到自己

249

想要的东西了，＿＿＿＿＿＿＿＿＿＿＿＿＿＿＿＿。

小红：对，手机购物太方便了，想买什么东西直接线上下单就行了。

5. 不可思议

对话情景：小李的数学成绩一直很好，无论题目多难，他总能做出来，小沈对此佩服不已。课间，小沈和小李一起聊天儿。

对话人物：小沈和小李

对话地点：教室

对话内容：

小沈：那么难的数学题你一下子就做出来了，＿＿＿＿＿＿＿＿＿＿＿＿＿＿。

小李：我觉得数学很有意思，我很喜欢上数学课，平时也喜欢研究一些难题。

小沈：我还是更喜欢历史，数学对我来说太难了，很多我都听不懂。

小李：别担心，我帮你。放学后我们可以一起学。

小沈：好啊！那我们每天学多长时间？

小李：两三个小时吧。

扫码看答案

第二十五课 25

1 生词表

1	恍然大悟	huǎngrán-dàwù	suddenly see the light
2	可想而知	kěxiǎng'érzhī	one may well imagine
3	不得而知	bùdé'érzhī	unknown
4	一无所知	yìwúsuǒzhī	know nothing about
5	目不转睛	mùbùzhuǎnjīng	gaze steadily
6	聚精会神	jùjīng-huìshén	concentrate one's attention on
7	引人注目	yǐnrén-zhùmù	catch sb.'s attention

8	引人入胜	yǐnrén-rùshèng	(of scenery, literary works, etc.) fascinating
9	小心翼翼	xiǎoxīn-yìyì	very cautiously
10	面面俱到	miànmiàn-jùdào	attend to each and every aspect of a matter
11	随时随地	suíshí-suídì	anywhere and anytime
12	无微不至	wúwēi-búzhì	meticulously
13	不知不觉	bùzhī-bùjué	unconsciously
14	粗心大意	cūxīn-dàyì	careless

② 成语释义及例句

1	恍然大悟	义 恍然：忽然醒悟的样子；悟：领会，明白。忽然间明白过来。 用 可做谓语、状语、定语。 例 • 经过老师的分析，我恍然大悟，原来这个句子是有语法错误的。 • 直到被警察抓住，他才恍然大悟地说："原来这样做是违法的啊！"
2	可想而知	义 可以经过推想而知道。 用 可做谓语、定语。 例 • 现在是法治社会，违反法律的后果可想而知，任何人都不能有侥幸心理。 • 你每天只知道玩手机，考试不及格也是可想而知的。
3	不得而知	义 得：能够。无法知道。 用 可做谓语。 例 • 两支球队实力相当，哪一方能获胜还不得而知。 • 最近许多人突然得了一种怪病，其原因不得而知。
4	一无所知	义 一：全，都。什么都不知道。 用 可做谓语、定语。 例 • 老师问他上节课讲了什么，他竟然一无所知。 • 昨天晚上商场里进了小偷，面对警察的询问，保安却一无所知。

5	目不转睛		义 转：转动；睛：眼珠。眼睛注视着，眼珠一动不动，形容注意力集中。 用 可做状语。 例 • 每天一回家丈夫就目不转睛地看电视，为此妻子常常和他吵架。 • 观众们目不转睛地看着魔术师的表演，希望能看出其中的奥秘。
6	聚精会神		义 聚：聚集；会：会合，集中。指注意力高度集中。 用 可做谓语、状语、定语，含褒义。 例 • 课堂上，看着同学们聚精会神的样子，老师感到很欣慰。 • 她坐在那里聚精会神地看着书，我喊了几声她都没听见。
7	引人注目		义 注目：注意。形容人或事物很吸引人的注意力。 用 可做谓语、状语、定语。 例 • 李明抱着吉他在公园里唱歌，特别引人注目。 • 经过几年的发展，公司扩大了规模，也取得了引人注目的好成绩。
8	引人入胜		义 胜：美妙的境界。把人引入美妙的境界，形容文艺作品或风景十分吸引人。 用 可做谓语、状语、宾语、定语，含褒义。 例 • 童话书里的故事十分引人入胜，妹妹看得都入迷了。 • 都说"桂林山水甲天下"，那里确实是个引人入胜的好地方。

9	小心翼翼		义 翼翼：恭敬谨慎的样子。形容举动十分谨慎，丝毫不敢大意。 用 可做谓语、状语、定语，含褒义。 例 • 他小心翼翼地把这个名贵的花瓶摆放到桌子上。 • 弟弟已经睡觉了，所以我开门的时候小心翼翼的，可结果还是把他吵醒了。
10	面面俱到		义 俱：全。指说话、做事或写文章时各方面都照顾到，没有疏忽。 用 可做谓语、补语、定语，含褒义。 例 • 这家饭店因面面俱到的服务而受到广大顾客的欢迎。 • 老师告诉我们，写作文的时候应该突出重点，不需要面面俱到。
11	随时随地		义 任何时间、任何地方。 用 可做状语、定语。 例 • 现在的智能手机用起来很方便，我们随时随地都可以上网、拍照、听音乐。 • 妈妈给小明买了一块电话手表，遇到事情他就可以随时随地和妈妈联系了。
12	无微不至		义 微：细小的；至：到。没有一处细微的地方不照顾到，形容关怀、照顾得非常细心周到。 用 可做谓语、状语、定语，含褒义。 例 • 方老师不仅教会我们知识，还无微不至地关心同学，大家都很喜欢他。 • 奶奶生病的时候，医生和护士给了她无微不至的照顾。

13	不知不觉	义 知：知道；觉：感觉。没有意识到，没有感觉到。 用 可做谓语、状语、定语。 例 • 她和李明聊得很投机，不知不觉三个小时就过去了。 • 我和妹妹边看电视边吃爆米花，不知不觉就把一大袋爆米花吃光了。
14	粗心大意	义 指做事马虎，不细心。 用 可做谓语、主语、定语，含贬义。 例 • 小王总是粗心大意，今天又把家门钥匙弄丢了。他下定决心，一定要改掉这个坏毛病。 • 粗心大意的售货员少找了顾客十块钱，好在顾客原谅了他。

第二十五课

❸ 练 习

一、根据意思写出成语

1. 可以经过推想而知道。
2. 形容人或事物很吸引人的注意力。
3. 把人引入美妙的境界，形容文艺作品或风景十分吸引人。
4. 形容举动十分谨慎，丝毫不敢大意。
5. 没有意识到，没有感觉到。
6. 指做事马虎，不细心。
7. 没有一处细微的地方不照顾到，形容关怀、照顾得非常细心周到。

二、选出画线字在成语中的意思

1. 不<u>得</u>而知（　　）
   A. 得到　　　　B. 能够　　　　C. 必须
2. 小心<u>翼翼</u>（　　）
   A. 鸟的翅膀　　B. 物体的一侧　C. 恭敬谨慎的样子
3. <u>恍</u>然大悟（　　）
   A. 忽然醒悟的样子　B. 模糊的样子　C. 好像
4. 聚精<u>会</u>神（　　）
   A. 见面　　　　B. 开会　　　　C. 会合，集中
5. 无微不<u>至</u>（　　）
   A. 最　　　　　B. 到　　　　　C. 来
6. 引人入<u>胜</u>（　　）
   A. 美妙的境界　B. 胜利　　　　C. 超过

三、选择合适的成语填空

（一） A.恍然大悟　B.可想而知　C.不得而知　D.一无所知　E.目不转睛

1. 都说"有其父必有其子"，他父亲的脾气这么差，他的脾气也就（　　　）了。

2. 不同专业所学的知识完全不同，文科生对于理科专业（　　　）也是情有可原的。

3. 听了他的话，大家才（　　　），原来这个小伙子没有撞到这个老人。

4. 小猫（　　　）地盯着鱼缸里的鱼。

5. 小张根本没有认真复习，他这次的考试成绩（　　　）。

6. 小明推断黄金就在这两个盒子里，但具体是哪个盒子就（　　　）了。

7. 你记了一大堆名作家的名字，但对他们的作品却（　　　），这又有什么用呢？

8. 经过妈妈的一番分析，她才（　　　），明白了自己失败的原因。

9. 沉船之后，所有生还者都不提沉船的原因和打捞的过程，真相（　　　）。

10. 她（　　　）地盯着舞蹈老师，生怕记不住动作。

（二） A.聚精会神　B.引人注目　C.引人入胜　D.小心翼翼

1. 虽然这部小说的语言很朴实，但情节（　　　），成了今年的畅销书。

2. 读书必须（　　　），相比之下，看电视就轻松多了。

3. 那些（　　　）的成功背后付出了多少汗水啊！

4. 山路又陡又滑，每走一步都要（　　　），不然就有掉下去的危险。

5. 爸爸在灯下（　　　）地读着这本他非常喜欢的书。

6. 这里的风景（　　　），吸引了无数游客前来游玩。

7. 她工作十分谨慎，总是（　　　）的，生怕出什么差错。

8. 她今天穿了一条华丽的长裙，在人群中显得格外（　　　）。

（三） A.面面俱到　B.无微不至　C.不知不觉　D.粗心大意　E.随时随地

1. 作为一名保姆，照顾孩子时千万不能（　　　），否则可能会造成无法挽回的后果。

2. 他看着像个粗心的人，没想到照顾人却这么（　　　）。

3. 移动支付的普及使我们能够（　　　）完成购物、缴费等操作，极大地方便了日常生活。

4. 春游的路上，小伙伴们边走边唱，（　　　）就到达了目的地。

5. 小李在三分钟的演讲里把环境污染这个问题分析得（　　　），赢得了大家的一致好评。

6. 如果没有老师（　　　）的关心，我怎么可能取得今天的成绩呢？

7. 妈妈不放心弟弟一个人外出，让弟弟（　　　）都要和她保持联系。

8. 无论学习还是工作，我们都应该认真对待，不能（　　　）。

9. 同学们聚精会神地听老师讲着过去的故事，（　　　）一堂课就过去了。

10. 小王是一个说话做事都（　　　）的人，同学们都赞成让他来做班长。

四、根据对话情景，用所给成语造句，将对话补充完整

1. 恍然大悟

对话情景：小林因即将到来的面试而紧张，他在咖啡馆遇到小李，于是向小李寻求帮助。

对话人物：小林和小李

对话地点：咖啡馆

对话内容：

小林：最近一直在准备面试，我觉得很紧张，怕自己表现不好。

小李：放轻松，你能力很强，面试时展现真实的自己就行。

小林：可是面试官可能会问一些我不擅长的问题，我怕自己答不上来。

小李：如果遇到不会的问题，就坦诚地告诉他们你以后会勤加学习，他们会理解的。

小林：听你这么一说，_____，我们不必为了追求完美而紧张。谢谢你！我现在感觉好多了。

2. 一无所知

对话情景：期末考试结束了，小林和小李在学校里讨论起这次考试来。

对话人物：小林和小李

对话地点：校园

对话内容：

小林：这次考试真的太难了，_____，最后成绩肯定不理想。

小李：别太自责了，考试本来就有难有易，这并不代表你什么都不懂。学习是一个长期的过程，你可以通过考试总结不足之处，不断进步。

小林：你说得对。

小李：没问题，相信自己，你会越来越好的。

3. 小心翼翼

对话情景：小林不小心碰倒了小李放在桌上的水杯，于是赶紧向小李道歉。

对话人物：小林和小李

对话地点：教室

对话内容：

小林：小李，我刚才不小心把你桌子上的水杯碰到地上了，实在不好意思！要不我赔你一个新的吧！

小李：没关系，不用赔，杯子没有摔坏。你的手没事吧？

小林：我没事。真是抱歉！

小李：真的没关系！_____。

4. 面面俱到

对话情景：小红因为粗心被领导批评了，她心情很低落，同事小明主动去安慰她。

对话人物：小红和小明

对话地点：办公室

对话内容：

小红：我太粗心了，今天又被领导批评了，也许我根本就不适合这份工作。

小明：别灰心，＿＿＿＿＿＿＿＿＿＿＿＿，你尽力就好。况且大家都认为你比以前细心多了，只要多积累经验教训，以后会越来越好的。

小红：谢谢你的鼓励和建议。我以后一定多注意，避免再犯同样的错误。

小明：嗯，加油！你会进步的。

5. 粗心大意

对话情景： 小林和小李是同事，今天上午有一场重要的会议需要他们准备材料，可是小李把材料忘在家里了。

对话人物： 小林和小李

对话地点： 办公室

对话内容：

小林：小李，上午开会的材料你准备好了吗？

小李：我找找。天哪！我好像把材料落在家里了！

小林：＿＿＿＿＿＿＿＿＿＿＿＿，这么重要的文件也能忘！现在怎么办？

小李：实在对不起！我想我现在回家取的话，应该来得及，请等我一会儿！

扫码看答案

26 第二十六课

1 生词表

1	从容不迫	cóngróng-búpò	calm and unhurried
2	心安理得	xīn'ān-lǐdé	feel at ease and justified
3	无忧无虑	wúyōu-wúlǜ	be free from all anxieties
4	怡然自得	yírán-zìdé	be happy and pleased with oneself
5	自由自在	zìyóu-zìzài	leisurely and carefree
6	随心所欲	suíxīnsuǒyù	do as one likes
7	心急如焚	xīnjí-rúfén	burn with anxiety

8	惊慌失措	jīnghuāng-shīcuò	be frightened out of one's wits
9	措手不及	cuòshǒu-bùjí	be caught unawares
10	迫不及待	pòbùjídài	be too impatient to wait
11	哭笑不得	kūxiào-bùdé	be unable either to cry or to laugh—find sth. both funny and annoying
12	垂头丧气	chuítóu-sàngqì	be in low spirits
13	无精打采	wújīng-dǎcǎi	spiritless
14	精疲力竭	jīngpí-lìjié	exhausted
15	疲惫不堪	píbèi-bùkān	extremely tired

2 成语释义及例句

1	从容不迫	义 从容：不紧张；迫：着急，紧张。态度镇静沉着，不慌不忙。 用 可做谓语、状语、定语，含褒义。 例 • 张老师讲课时从容不迫，一点儿也不像刚入职的新老师。 • 下雨了！小红撑起伞，在大雨中从容不迫地走着。
2	心安理得	义 安：安然；理：情理，道理；得：适合。自信事情做得合理，心里很坦然。 用 可做谓语、状语、定语。 例 • 你打伤了别人，怎么还能这么心安理得呢？赶紧去道歉！ • 年迈的奶奶在打扫卫生，他却心安理得地坐在沙发上看电视。
3	无忧无虑	义 忧：忧愁；虑：担心的事。没有一点儿忧愁和顾虑。 用 可做谓语、状语、定语。 例 • 姐弟俩在父母的照顾下无忧无虑地成长着。 • 小时候的生活是多么无忧无虑啊，真让人怀念！
4	怡然自得	义 怡然：安适愉快的样子。形容高兴而满足的样子。 用 可做谓语、状语、定语。 例 • 乡下的生活让她感到怡然自得，十分自在。 • 这个周末不用加班，妈妈怡然自得地享受着悠闲的时光。

第二十六课 **26**

5	自由自在		义 形容不受约束，不受限制。 用 可做谓语、状语、定语。 例 • 这对情侣在海边奔跑着，自由自在的样子看起来好幸福啊！ • 小鸟在天空中自由自在地飞着，鱼儿在水里自由自在地游着。
6	随心所欲		义 随：任凭；欲：想，希望。一切都由着自己的心意，想怎么做就怎么做。 用 可做谓语、状语、定语。 例 • 这次出去旅行，她随心所欲地玩了好几天。 • 他在宿舍里随心所欲，丝毫不考虑别人的感受。
7	心急如焚		义 焚：烧。心里急得像火烧一样，形容非常着急。 用 可做谓语、状语、定语。 例 • 女儿好几天没回家了，电话也打不通，爸爸妈妈心急如焚地到处寻找。 • 王刚的学习一直不太好，他心急如焚，不知道该怎么提高自己的成绩。
8	惊慌失措		义 失措：失去常态。因害怕慌张而举止失常，不知道该怎么办。 用 可做谓语、状语、定语，含贬义。 例 • 上课的时候我正在想其他的事情，老师突然的提问让我惊慌失措。 • 地震了！大家惊慌失措地跑下楼，不敢回家。

265

9	措手不及		义 措手：着手处理；不及：来不及。来不及应付、处理。 用 可做谓语、补语、宾语。 例 • 我方队员在球门前突然抬脚射门，打了对方守门员一个措手不及。球进了！ • 我正在路上骑自行车，迎面一张报纸吹到了我的脸上，让我措手不及。
10	迫不及待		义 迫：急迫；待：等待。急迫得不能再等待。 用 可做谓语、状语。 例 • 她跑向车站门口前来迎接的父母，看上去有些迫不及待。 • 下雪后，整个校园都变成了白色的，同学们都迫不及待地跑出教室堆雪人。
11	哭笑不得		义 哭也不是，笑也不是，形容处境尴尬，不知如何是好。 用 可做谓语、补语、定语。 例 • 领导讲了一番外行话，把在场的专业人士弄得哭笑不得。 • 弟弟每次吃饭都狼吞虎咽的，生怕美食被别人抢走，真是令人哭笑不得。
12	垂头丧气		义 垂头：低着头；丧气：没有精神。低着头无精打采的样子，形容情绪低落、失望懊丧的神情。 用 可做谓语、状语、定语，含贬义。 例 • 妻子去世后，老王每天都垂头丧气的，邻居看了都替他难过。 • 李明垂头丧气地走进卧室，妈妈看了十分担心。

第二十六课 **26**

13	无精打采		义 采：兴致。形容没有精神，提不起劲头。 用 可做谓语、定语。 例 • 他在教室里上课时总是无精打采的，可一到运动场上就劲头十足，简直像换了个人一样。 • 李明和女朋友分手了，这几天他都是一副无精打采的样子。
14	精疲力竭		义 精：精神；力：力气；竭：用完。精神疲乏，气力用尽，形容非常疲惫，一点儿力气也没有了。 用 可做谓语、状语、补语、定语。 例 • 他最近一直加班，每天都精疲力竭。 • 他在沙漠里迷了路，累得精疲力竭，马上就要撑不住了。
15	疲惫不堪		义 堪：忍受。形容非常疲乏。 用 可做谓语、补语、定语。 例 • 看着每天因为繁重的学业而疲惫不堪的孩子，家长们也很无奈。 • 我昨天加班到半夜，疲惫不堪，今天一回家就倒在床上睡着了。

3 练习

一、根据意思写出成语

1. 自信事情做得合理，心里很坦然。
2. 一切都由着自己的心意，想怎么做就怎么做。
3. 形容不受约束，不受限制。
4. 哭也不是，笑也不是，形容处境尴尬，不知如何是好。
5. 形容高兴而满足的样子。
6. 没有一点儿忧愁和顾虑。
7. 态度镇静沉着，不慌不忙。
8. 心里急得像火烧一样，形容非常着急。
9. 因害怕慌张而举止失常，不知道该怎么办。

二、选出画线字在成语中的意思

1. 从容不迫（　　）
   A. 着急，紧张　　B. 接近　　C. 强迫

2. 心安理得（　　）
   A. 理解　　B. 心里　　C. 情理，道理

3. 措手不及（　　）
   A. 来不及　　B. 比不上　　C. 没达到

4. 精疲力竭（　　）
   A. 聪明　　B. 精神　　C. 熟练

5. 疲惫不堪（　　）
   A. 忍受　　B. 可以　　C. 能

6. 随心所欲（　　）
   A. 顺便　　B. 任凭　　C. 像

第二十六课 26

三、选择合适的成语填空

（一） A.从容不迫　B.心安理得　C.无精打采　D.怡然自得　E.迫不及待

1. 他每次考试都名列前茅，这次评上一等奖学金，他觉得（　　）。
2. 遇到困难一定要先冷静下来，思考解决办法，尽量（　　）地去面对。
3. 今天晚上有篮球比赛，我一回家就（　　）地打开了电视。
4. 他这次考了第二名，和第一名就差一分，这让他一整天都（　　）。
5. 奶奶退休后喜欢种种花、养养鱼，每天的生活（　　），十分快乐。
6. 父母用汗水换来的收入，你能（　　）地挥霍吗？
7. 马上就要毕业的学生没有了学习的压力，整天（　　）地聚在一起聊天儿，想象着未来美好的生活。
8. 小明昨晚熬夜写作业，早上到学校时（　　）的。
9. 研究显示，面对压力时表现得（　　）的人更容易获得别人的信任。
10. 考完试第二天，小张就（　　）地打电话问老师他的成绩怎么样。

（二） A.随心所欲　B.心急如焚　C.惊慌失措　D.精疲力竭　E.自由自在

1. 公园里，几只天鹅在水中游来游去，一群白鸽在天上（　　）地飞翔。
2. 这几天一直照顾这些调皮的孩子，王阿姨已经（　　）了。
3. 作为成年人，我们要对自己做的事情负责，不能（　　），不计后果。
4. 听到爸爸出车祸的消息，妈妈（　　），一下子瘫倒在地上。
5. 要下雪了，可是车子还没修好，司机（　　），担心回不了家。
6. 我（　　）地变换着游泳的姿势，一会儿仰泳，一会儿蛙泳。
7. 在任何场合讲话都应该慎重，不要（　　），想说什么就说什么。
8. 妈妈总是在我（　　）的时候给我力量，让我恢复自信。
9. 爸爸常对我说："无论发生了什么，都不要（　　），要冷静思考。"
10. 路上一直堵车，我（　　），担心上课会迟到。

（三） A. 哭笑不得　B. 垂头丧气　C. 无忧无虑　D. 措手不及　E. 疲惫不堪

1. 妈妈让他好好洗洗手，他只是把手指在水里蘸了一下就说洗好了，真是让人（　　）。

2. 爷爷和奶奶住在山上的木屋里，没有人去打扰他们，生活（　　）。

3. 一向懂事的小明在和父母吵了一架后离家出走了，这让他的父母（　　）。

4. 小李关心地问我："你晚上一般几点睡觉？为什么看上去总是（　　）呢？"

5. 小明一天到晚（　　），一点儿也没有年轻人的阳光和自信。

6. 他不喜欢吃苹果，却喜欢喝苹果汁，真是让我（　　）。

7. 去年暑假我和好朋友去海边旅游，那段时间（　　），非常快乐。

8. 今天老师突然说要考试，搞得同学们（　　）。

9. 输掉比赛后，小明（　　）地离开了操场。

10. 这次旅游三四天跑了六七个地方，确实令人（　　），希望下次能安排得轻松一点儿。

四、根据对话情景，用所给成语造句，将对话补充完整

1. 从容不迫

对话情景：小林马上要上台演讲了，他感到非常紧张，小李看到后前去安慰他。

对话人物：小林和小李

对话地点：演讲台下

对话内容：

小林：马上就轮到我上台了，好紧张啊！

小李：深呼吸，放轻松，这只是一个小比赛。你看小张＿＿＿＿＿＿＿＿＿＿＿＿＿＿＿，你也可以的！

小林：他演讲经验特别丰富，我肯定比不上他。

小李：不会的，等比赛结束后你可以找他问一下经验，学习学习，说不定对你会有帮助呢。

2. 心安理得

对话情景：小林想出去旅游，但是手头紧张，他有些沮丧，于是向小李诉苦。

对话人物：小林和小李

对话地点：校园

对话内容：

小林：最近想出去旅游，但是手头有点儿紧，这个愿望一直没有实现。

小李：你父母不是每个月都会给你生活费吗？你可以再向他们要一些旅游经费。

小林：可是我已经快毕业了，_____，每次向父母要钱总会有些愧疚。

小李：确实是这样。一直向父母要钱就变成"啃老族"了，最好能学会自己赚钱，或许你可以去做兼职。

小林：我也是这么打算的。你要是看到兼职信息，也给我推荐推荐吧。

小李：好的，我会帮你留意的。

3. 随心所欲

对话情景：下班路上，小红和小明讨论起了交通的发展，打算一起去周边城市旅游。

对话人物：小红和小明

对话地点：下班路上

对话内容：

小红：你知道吗？最近好多地方开通了高铁、地铁，我们出行越来越方便了。

小明：可不是嘛！现在交通越来越发达，_____，不用担心路上浪费时间了。

小红：是啊，现在周末就完全有时间去周边城市旅游了。对了，你这个周末有空儿吗？不如我们一起去北京？

小明：当然可以，不过得提前做一下攻略。

4. 垂头丧气

对话情景： 女朋友就要过生日了，小李不知道该送什么礼物，于是去找小林商量。

对话人物： 小林和小李

对话地点： 宿舍

对话内容：

小林：_____，是遇到什么事了吗？

小李：唉，别提了。女朋友最近要过生日了，可我一直不知道该送什么礼物。上次她说想要一个包，但我觉得太贵了。

小林：你可以挑一个便宜一点儿的包呀，或者送其他礼物，比如手写的卡片、可爱的摆件等等。其实送礼物最重要的是心意，只要心意到了，对方不会在乎贵贱的。

小李：你说得对！只要我用心准备，她应该不会嫌弃的。

5. 无精打采

对话情景： 小红最近工作特别忙，已经很久没有好好休息了，同事小明看到后提醒她要劳逸结合。

对话人物： 小红和小明

对话地点： 办公室

对话内容：

小红：天哪，最近简直太忙了！好多工作堆在一起，真担心自己最后不能按时完成。

小明：_____，这样很难高效地完成工作的。不要急，慢慢来。

小红：是啊，为了完成任务，我已经很久没有好好休息了，的确应该调整一下状态。

小明：或者你可以向老板申请延长时间，他会理解的。

扫码看答案

第二十七课 27

1 生词表

1	后顾之忧	hòugùzhīyōu	trouble back at home
2	思前想后	sīqián-xiǎnghòu	turn sth. over in one's mind
3	胡思乱想	húsī-luànxiǎng	indulge in wild flights of fancy
4	异想天开	yìxiǎng-tiānkāi	have a very fantastic idea
5	大吃一惊	dàchī-yìjīng	greatly surprised
6	大惊小怪	dàjīng-xiǎoguài	be alarmed at sth. very ordinary
7	目瞪口呆	mùdèng-kǒudāi	gape goggle-eyed and dumbstruck—be flabbergasted

8	出人意料	chūrényìliào	exceed all expectations
9	扣人心弦	kòurénxīnxián	heart-thrilling
10	提心吊胆	tíxīn-diàodǎn	have one's heart in one's mouth
11	骇人听闻	hàiréntīngwén	horrifying
12	惊心动魄	jīngxīn-dòngpò	soul-stirring
13	触目惊心	chùmù-jīngxīn	shocking
14	合情合理	héqíng-hélǐ	stand to reason

2 成语释义及例句

1	后顾之忧		义 顾：回头看。需要回过头来照看的忧虑，泛指来自后方或家里的忧虑。 用 可做宾语。 例 • 学校给每位教师都安排了宿舍，解除了教师的后顾之忧，让他们能全身心地投入教学当中。 • 儿子今年考上了研究生，我再也没有后顾之忧，终于可以把精力都放在工作上了。
2	思前想后		义 想想前面，又想想后面，形容前前后后地反复思考。 用 可做谓语。 例 • 有些上了年纪的人遇事就爱思前想后，顾虑太多。 • 他思前想后，最后还是决定好好和父母谈一谈去哪儿上学的问题。
3	胡思乱想		义 胡、乱：没有根据的。没有根据或不切实际地瞎想。 用 可做谓语，含贬义。 例 • 跟女朋友分手之后，他根本睡不着觉，每晚都躺在床上胡思乱想。 • 小明整天无所事事，胡思乱想，简直就是在浪费生命。
4	异想天开		义 异：奇异。比喻想法离奇，不切实际。 用 可做谓语、定语。 例 • 随着科技水平的提高，很多在古代看似异想天开的事情，都已经慢慢变成了现实。 • 李明每天不认真学习，还想考重点大学，简直就是异想天开。

5	大吃一惊		义 形容非常吃惊。 用 可做谓语。 例 • 一向胆小的李刚竟然因为打架被警察抓走了，这让所有人都大吃一惊。 • 信用卡账单上的数字让父母大吃一惊，原来自己辛辛苦苦挣来的钱都被儿子花光了。
6	大惊小怪		义 怪：觉得奇怪。指对于不足为奇的事情表现得过分惊讶。 用 可做谓语、状语，含贬义。 例 • 不就是一只小蜘蛛嘛，你大惊小怪地喊什么？ • 台风天气在南方特别常见，实在不必大惊小怪。
7	目瞪口呆		义 瞪大眼睛，说不出话来。形容因受惊而愣住的样子。 用 可做谓语、补语、定语。 例 • 他只看了一遍题目，就轻轻松松地解了出来，同学们都目瞪口呆地看着他。 • 路边的行人都被这场突然发生的车祸吓得目瞪口呆。
8	出人意料		义 意料：指事先对情况、结果等的估计。（事情的好坏、情况的变化、数量的大小等）超出人们的意料。 用 可做谓语、状语、定语。 例 • 一向自私的张三做了一个出人意料的决定，他打算去条件艰苦的地区当一名志愿者。 • 在拳击比赛中，瘦小的李明居然打败了强壮的对手，真是出人意料。

9	扣人心弦	义 扣：敲打，牵住。心弦：指受到感动而引起共鸣的心。形容诗文、表演等感染力强，牵动人心。 用 可做谓语、定语，含褒义。 例 • 这个扣人心弦的故事深深吸引了我，我用一个晚上就把它读完了。 • 这场足球比赛扣人心弦，所有观众都站起来为自己喜欢的球队欢呼呐喊。
10	提心吊胆	义 吊：挂起来。形容十分担心或害怕。 用 可做谓语、状语、定语。 例 • 在那个兵荒马乱的年代，人们整天提心吊胆的，不知道明天会发生什么。 • 小女孩儿一个人提心吊胆地走在黑暗的森林里，突然身后传来一阵脚步声，她更害怕了。
11	骇人听闻	义 骇人：使人害怕。使人听了非常吃惊（多指社会上发生的坏事）。 用 可做谓语、定语，含贬义。 例 • 昨天晚上，老黄讲了一个骇人听闻的故事，吓得我一夜没睡。 • 报纸上刊登的这条消息简直骇人听闻。
12	惊心动魄	义 使人感受很深，内心受到极大震撼。 用 可做谓语、状语、补语、定语。 例 • 这部电影中惊心动魄的场面让他印象深刻。 • 这位演员高空走钢丝的杂技表演真是惊心动魄。

13	触目惊心	义 触目:眼睛看到;惊:震惊。看到的情况让人内心震惊,形容情况极其严重。 用 可做谓语、定语。 例 • 这部有关环境污染的纪录片触目惊心,使我意识到了保护环境的重要性。 • 疲劳驾驶造成的交通事故触目惊心。
14	合情合理	义 合乎情理。 用 可做谓语、状语、宾语。 例 • 小伙子把捡到的包交还给了失主,大家认为失主给他一些感谢费是合情合理的。 • 她的解释合情合理,大家都欣然接受了她的建议。

第二十七课 27

3 练 习

一、根据意思写出成语

1. 形容诗文、表演等感染力强，牵动人心。
2. (事情的好坏、情况的变化、数量的大小等)超出人们的意料。
3. 瞪大眼睛，说不出话来。形容因受惊而愣住的样子。
4. 指对于不足为奇的事情表现得过分惊讶。
5. 形容非常吃惊。
6. 使人听了非常吃惊（多指社会上发生的坏事）。
7. 形容十分担心或害怕。

二、选出画线字在成语中的意思

1. 后顾之忧（　　）
   A. 回头看　　　　B. 照顾　　　　C. 光顾
2. 大惊小怪（　　）
   A. 责怪　　　　B. 非常　　　　C. 觉得奇怪
3. 异想天开（　　）
   A. 不一样　　　B. 奇异　　　　C. 分开
4. 扣人心弦（　　）
   A. 纽扣　　　　B. 折扣　　　　C. 敲打，牵住
5. 提心吊胆（　　）
   A. 挂起来　　　B. 收回来　　　C. 追念死者

三、选择合适的成语填空

（一）A. 后顾之忧　B. 思前想后　C. 惊心动魄　D. 异想天开　E. 大吃一惊

1. 这条短信的内容让我（　　），半天都回不过神来。

2. 这部电影拍得很真实,记录了当年那场灾害中(　　　)的时刻。

3. 我们必须解决科研人员的(　　　),这样他们才能全身心地投入研究当中。

4. 我最近对未来感到很迷茫,常常在深夜里(　　　),久久不能入睡。

5. 孩子总是喜欢(　　　),比如我妹妹就幻想着有一天能像电影里的仙女一样,长出翅膀,飞向蓝天。

6. 这场足球比赛是我看过的最(　　　)的比赛!

7. 小明(　　　),他从没想过自己能考出这么好的成绩。

8. 他做什么事情都要(　　　),因为担心会做出令自己后悔的决定。

9. 医疗保险免除了人民群众的(　　　),让经济条件不好的家庭也能够看得起病。

10. 我的梦想是成为一名航天员,虽然听起来有些(　　　),但我会努力实现的。

(二) A.大惊小怪　B.目瞪口呆　C.出人意料　D.扣人心弦　E.合情合理

1. 这部小说的情节非常紧张,(　　　),读者一看起来就放不下。

2. 他能赢得这场比赛一点儿也不(　　　),因为他赛前已经做好了充足的准备。

3. 这件衣服样子好看,质量又好,虽说价格贵了点,但也是(　　　)的。

4. 现代社会中,离婚是很常见的事,不必(　　　)。

5. 演员们的表演直击人心,观众们一个个看得(　　　),甚至忘了鼓掌。

6. 小亮的英语一直很差,这次考试却考了第一名,真是(　　　)。

7. 这场比赛实在是(　　　),观众们握紧双手,等待最终结果。

8. 选举结果实在太让人感到意外了,一时之间,每个人都(　　　),站在原地反应不过来。

9. 这几天有雷暴天气,周末的户外活动不得不临时取消,大家都觉得(　　　),没有什么意见。

10. 日食是自然现象,不必(　　　)。

(三) A.提心吊胆　B.骇人听闻　C.胡思乱想　D.触目惊心

1. 这场 6.8 级的地震造成了大量人员伤亡和大片民房倒塌,真是(　　　)。

2. 你每天（　　），一点儿正事都不做，怎么会有美好的未来呢？

3. 那天晚上爸爸一直没回来，小东（　　）地等了一夜。

4. 这一张张（　　）的照片，让人们深刻反思环境污染给地球造成了多么严重的破坏。

5. 他不小心把爷爷十分喜爱的一件瓷器打碎了，一整天都（　　）的，生怕被发现。

6. 正在她（　　）的时候，树林中传来一个奇怪的声音，吓了她一跳。

7. 为了吸引读者，有的报纸常会取一些（　　）的标题。

8. 这栋楼里从前发生过一桩（　　）的惨案，所以到现在也没人敢住。

四、根据对话情景，用所给成语造句，将对话补充完整

1. 思前想后

对话情景：明天公司各部门进行工作汇报，大家都推荐小明代表部门发言，于是小红去询问他的意见。

对话人物：小红和小明

对话地点：办公室

对话内容：

小红：小明，大家都推荐你代表部门汇报工作，你觉得怎么样？

小明：小张经验丰富，讲话从容不迫，大家也都喜欢他，_____。

小红：可是小张最近家里有事，一直没来上班，我们都认为你是最合适的人选。

小明：好吧，那我试试。

2. 胡思乱想

对话情景：演讲结束后，小李觉得自己没发挥好，感到非常沮丧，小林看到后耐心地安慰他。

对话人物：小林和小李

对话地点：报告厅观众席

对话内容：

小李：我好紧张啊，刚才差点儿忘了词，而且有一句话我说错了，给评委留下的印象肯定不太好。

小林：_____！我们都在台下看着，觉得你刚才表现得非常出色。

小李：多谢鼓励！听你这么一说我好受多了。你觉得我还有什么需要改进的吗？

小林：我觉得你如果表现得再自信点儿就更完美了！

3. 异想天开

对话情景：麦克和安娜正在探讨未来的职业规划，安娜担心无法实现自己的梦想，于是麦克耐心地开导她。

对话人物：麦克和安娜

对话地点：校园

对话内容：

麦克：马上就要毕业了，你想好以后做什么工作了吗？

安娜：其实我想当一名汉语教师，不过 _____ 。

麦克：有梦想是好事。脚踏实地，一步一步来，慢慢就会有进步的。汉语其实不难学，我觉得你现在进步很大。

安娜：谢谢你的鼓励！我最近正在努力练习口语，争取早点儿学好汉语。

4. 出人意料

对话情景：小林和小李刚看完一部电影，他们觉得特别精彩，走出影院后一直在讨论剧情。

对话人物：小林和小李

对话地点：电影院外

第二十七课 27

对话内容：

小林：_____，我没想到主人公竟然是卧底！

小李：对呀，特别是高潮部分，每个情节都扣人心弦，我生怕主角会出什么差错。

小林：听说明年还会出第二部，希望还能像这部一样好看。

小李：真的吗？我好期待后面的剧情啊！

5. 大惊小怪

对话情景： 小林在食堂吃饭时，发现旁边一名外国留学生吃面条时发出的声音很大，小林觉得不太礼貌。上课时，他和留学生朋友约翰提起了这件事。

对话人物： 小林和约翰

对话地点： 教室

对话内容：

小林：刚才我在食堂看到一个同学吃面条时声音可大了，我觉得这样不太好。

约翰：哈哈，_____，在我们国家，吃面条时发出很大的声音是表示对厨师的尊重。

小林：哦，原来中西方在用餐习惯上有这么大的不同，看来我还是要多学习啊。

约翰：文化差异让人感到新奇的同时也会让人困惑，我刚来中国时也是这样，不过现在已经基本适应了。

扫码看答案

28 第二十八课

1 生词表

1	独立自主	dúlì-zìzhǔ	maintain independence and keep the initiative in one's own hands
2	不由自主	bùyóuzìzhǔ	can't help
3	身不由己	shēnbùyóujǐ	have no command over oneself
4	无可奈何	wúkěnàihé	resign oneself to (doing sth.)
5	无所事事	wúsuǒshìshì	be occupied with nothing
6	无所作为	wúsuǒzuòwéi	attempt nothing and accomplish nothing
7	得不偿失	débùchángshī	the loss outweighs the gain

8	倾家荡产	qīngjiā-dàngchǎn	lose a family fortune
9	风餐露宿	fēngcān-lùsù	eat and sleep out in the wind and the rain—live rough
10	忍饥挨饿	rěnjī-ái'è	endure the torments of hunger
11	无家可归	wújiā-kěguī	homeless
12	走投无路	zǒutóu-wúlù	have no way out
13	一无所有	yìwúsuǒyǒu	not own a thing in the world
14	应有尽有	yīngyǒu-jìnyǒu	have everything that one expects to find
15	一应俱全	yìyīng-jùquán	everything needed is there
16	得天独厚	détiāndúhòu	abound in gifts of nature

2 成语释义及例句

1 独立自主

义 遇事有主见，能对自己的行为负责，不受外来力量的影响或控制。多指国家、民族或政党独立行使处理自己事务的权力，不受外部势力的支配和控制。

用 可做谓语、状语、定语，含褒义。

例
- 一个国家只有自身强大了，才能真正独立自主。
- 让孩子从小帮忙做家务，可以培养他们独立自主的能力。

2 不由自主

义 自主：自己做主。由不得自己，无法控制住自己。

用 可做谓语、状语。

例
- 小芳被老师批评了一顿，觉得很委屈，眼泪不由自主地流了下来。
- 一阵寒风刮过，小刚不由自主地裹紧了身上的棉衣。

3 身不由己

义 身体不能由自己支配，形容自身行动不能由自己做主。

用 可做谓语、状语、定语。

例
- 我不是不想回家过节，只是工作太忙，实在是身不由己。
- 身不由己的事经常发生，我们要学会适应。

4 无可奈何

义 奈何：怎么办。指没有一点儿办法，只好这样了。

用 可做谓语、状语、定语。

例
- 在生活中，我们经常会遇到很多无可奈何的事。
- 小明这孩子实在是太淘气了，家长对他也无可奈何。

5	无所事事		义 事事：第一个"事"是动词，意思是"做"；第二个"事"是名词，指"事情"。没有什么事可做，指闲着什么事也不做。 用 可做谓语、定语，多含贬义。 例 • 这位老人常常劝说那些无所事事的年轻人，希望他们能为自己的未来而奋斗。 • 他初中毕业后既不工作也不继续读书，整天无所事事。
6	无所作为		义 不努力去做出成绩或没有做出成绩。 用 可做谓语、补语、定语，多含贬义。 例 • 一个人如果不能严格要求自己，不愿意为了理想而奋斗，那将来恐怕会无所作为。 • 老百姓对这个无所作为的政府官员非常失望。
7	得不偿失		义 得：得到；偿：抵得上；失：损失。得到的利益抵偿不了受到的损失。 用 可做谓语、定语。 例 • 李明为了减肥，每天只吃一顿饭，结果搞坏了身体，真是得不偿失啊！ • 小明虽然得到了一笔小钱，但失去了大家的信任，实在是得不偿失。
8	倾家荡产		义 倾：倒出。荡：弄光。全部家产都弄光了。 用 可做谓语、补语、定语。 例 • 这个人沉迷赌博，结果输得倾家荡产。 • 为了治好父亲的病，他卖掉了家里所有的东西，快要倾家荡产了。

9	风餐露宿		义 餐：吃饭；露：在外面；宿：睡觉。在风里吃饭，露天睡觉，形容旅途或野外生活的艰苦。 用 可做谓语、状语、定语。 例 • 他们在野外工作，常常风餐露宿，十分辛苦。 • 看着这些出土的珍贵文物，考古工作者觉得两年来夜以继日、风餐露宿的付出都是值得的。
10	忍饥挨饿		义 忍受饥饿，形容极其贫困，苦苦度日。 用 可做谓语、定语。 例 • 直到今天，世界上仍有很多人过着忍饥挨饿的生活。 • 他在森林里迷了路，干粮也吃完了，忍饥挨饿了好几天才等到救援人员。
11	无家可归		义 归：回。没有家可回，指流离失所。 用 可做谓语、定语。 例 • 那位好心的先生看到这个孩子无家可归，就收留了他。 • 姐姐经常给小区里无家可归的流浪猫喂东西吃。
12	走投无路		义 投：投奔。无路可走，无处投奔，比喻找不到解决问题的办法，形容处境极其困难。 用 可做谓语、定语。 例 • 大卫最近失业了，又欠下了很多钱，走投无路的他不知道该怎么办才好。 • 他身上一分钱也没有，已经走投无路了，只好向警察求助。

第二十八课 28

13	一无所有	义 什么也没有，多形容十分贫困。 用 可做谓语、补语、定语。 例 • 如果你不知道珍惜眼前所拥有的一切，以后可能会变得一无所有。 • 他做生意赔了很多钱，眼下已经倾家荡产、一无所有了。
14	应有尽有	义 应：应该；尽：全，都。应该有的全都有了，表示一切齐备。 用 可做谓语。 例 • 这家饭店很大，你想吃什么应有尽有，味道也很不错。 • 我们学校的图书馆很大，各类图书应有尽有。
15	一应俱全	义 一应：一切；俱：都。一切齐全，应有尽有。 用 可做谓语。 例 • 楼下的超市虽然不大，但各种商品一应俱全。 • 我家的药箱里，各类药品一应俱全。
16	得天独厚	义 厚：优厚。独具特殊优越的条件，也指所处的环境特别好。 用 可做谓语、定语，含褒义。 例 • 小明的爸妈都是老师，虽然有着得天独厚的学习条件，但他的成绩却并不好。 • 小张老家的自然条件得天独厚，后来在政府的帮助下发展起了旅游业。

3 练习

一、根据意思写出成语

1. 独具特殊优越的条件,也指所处的环境特别好。
2. 无路可走,无处投奔,比喻找不到解决问题的办法,形容处境极其困难。
3. 没有家可回,指流离失所。
4. 忍受饥饿,形容极其贫困,苦苦度日。
5. 在风里吃饭,露天睡觉,形容旅途或野外生活的艰苦。
6. 得到的利益抵偿不了受到的损失。
7. 全部家产都弄光了。
8. 指没有一点儿办法,只好这样了。
9. 没有什么事可做,指闲着什么事也不做。
10. 由不得自己,无法控制住自己。

二、选出画线字在成语中的意思

1. 倾家荡产（　　）

    A. 斜　　　　B. 倒出　　　　C. 胜过

2. 得天独厚（　　）

    A. 优厚　　　B. 感情深　　　C. 不刻薄

3. 得不偿失（　　）

    A. 错误　　　B. 损失　　　　C. 发生意外

4. 走投无路（　　）

    A. 扔　　　　B. 放进去　　　C. 投奔

5. 风餐露宿（　　）

    A. 年老的　　B. 睡觉　　　　C. 旧有的

6. 无所事事（　　　）

　　A. 做　　　　　　　B. 事情　　　　　　C. 事故

三、选择合适的成语填空

（一）A. 独立自主　B. 不由自主　C. 身不由己　D. 无可奈何　E. 无家可归　F. 无所作为

1. 儿子整天在房间里打游戏，父母除了批评几句，也（　　　）。
2. 年轻人绝不能（　　　），而应该刻苦努力，为社会做出自己的贡献。
3. 很多人在战争中失去了生命，还有很多人因为战争而（　　　）。
4. 自从上了大学，我就开始（　　　）地生活，再也没向父母要过一分钱。
5. 这段时间我遇到了许多困难，有的我能轻松应对，有的我也（　　　）。
6. 她这个小职员（　　　）地成了公司高层斗争的牺牲品。
7. 看着手里的录取通知书，她（　　　）地流下了幸福的泪水。
8. 我们要珍惜每一天的时间，好好努力，这样以后才不会（　　　）。
9. 妹妹觉得那些（　　　）的人很可怜，所以总是力所能及地为他们提供帮助。
10. 如今许多女性追求（　　　），她们不仅拥有自己的工作，而且在思想上也不盲目从众。
11. 人生总会遇到（　　　）的情况，当现实无法改变时，要学会调整好心态。
12. 当熟悉的音乐在耳边响起时，我便（　　　）地跟着哼唱起来。

（二）A. 得不偿失　B. 倾家荡产　C. 风餐露宿　D. 应有尽有　E. 无所事事

1. 这是世界上最大的图书馆，各种图书（　　　）。
2. 有些人为了省钱不及时去医院检查身体，可万一有病耽误了治疗就（　　　）了。
3. 有的学生整天（　　　），上课不好好听讲，下课也不做作业。
4. 你这样长期（　　　）也不是办法，还是找个地方住下来好好生活吧。
5. 为了发展经济而破坏自然环境是（　　　）的。
6. 这笔生意太冒险了，你可能会（　　　）的，我劝你还是再考虑考虑吧。
7. 这种（　　　）的生活虽然辛苦，但小陈早就习惯了。

8. 这家店的衣服价格实惠，款式（　　　），吸引了很多顾客。

9. 他每天都（　　　），只知道吃喝玩乐，考试成绩自然差。

10. 我认为，一个家庭不应该为了让孩子出国上学而搞得（　　　）。

（三） A.走投无路　B.一无所有　C.忍饥挨饿　D.一应俱全　E.得天独厚

1. 照片上的孩子都很瘦弱，可想而知，他们过着（　　　）的生活。

2. 我的家乡虽然不大，但（　　　）的自然条件很适合农业的发展。

3. 强盗们把他逼得（　　　），他找不到办法脱身。

4. 他刚来北京的时候（　　　），经过几年的奋斗，现在已经有了满意的生活。

5. 小刚从小听到音乐就能跟着跳起舞来，老师说他在音乐方面有（　　　）的条件。

6. 这个房子虽然很小，但是里面各种家具（　　　）。

7. 一个人（　　　）并不可怕，最可怕的是满足于现状，不知道努力。

8. 每天早上，他都会给小区里那些（　　　）的流浪猫喂食。

9. 她的家庭条件特别好，各种高端的家用电器（　　　）。

10. 这家公司已经（　　　）了，如果不及时采取行动，很可能会破产。

四、根据对话情景，用所给成语造句，将对话补充完整

1. 身不由己

对话情景：小林的朋友明天要来找他，但小林有事，于是找到了同学小李。

对话人物：小林和小李

对话地点：教室

对话内容：

小林：小李，明天有个朋友来找我，可我有事抽不开身，你能帮我去接一下他吗？

小李：明天我得去医院照顾奶奶，下午还要去上课，＿＿＿＿＿＿＿＿＿＿＿＿。

小林：哦，那你知道明天谁会有空儿吗？

小李：你问问小张，他明天应该有空儿。

小林：好的。实在不行的话，我请一天假。

2. 无所作为

对话情景：小林和小李是舍友，对于毕业以后的出路，两人都很迷茫。

对话人物：小林和小李

对话地点：宿舍

对话内容：

小林：快要毕业了，我还是没找到合适的工作，完全没有头绪。

小李：你可以先从实习或兼职开始，积累一些工作经验，锻炼一下自己的能力。

小林：可是找实习和找工作一样需要时间和精力，我现在还有很多事情要忙。

小李：但是_____。你可以先定一个小目标，再慢慢开始行动。

小林：你说得有道理，我确实不应该整天待在宿舍，还是要努力寻找机会来锻炼自己。

3. 得不偿失

对话情景：小林最近想减肥，看到小李瘦了很多，便向他咨询减肥技巧。

对话人物：小林和小李

对话地点：健身房

对话内容：

小林：小李，你最近是在减肥吗？可不可以分享一些经验呢？

小李：是的，我已经坚持了一个月了。减肥最重要的还是少吃饭、多运动。

小林：少吃饭是指节食吗？

小李：当然不是！节食减肥对身体危害很大，_____。少吃饭是指吃饭不要过量，七分饱就行。

小林：哦，我明白了。每顿都要吃，但每顿都不能多吃，这样比较健康。

4. 无可奈何

对话情景：面对最近突然增加的学习压力，麦克和玛丽感到十分焦虑，于是一起探讨解决办法。

对话人物：麦克和玛丽

对话地点：教室

对话内容：

麦克：最近学习真是很紧张，感觉时间不够用，压力好大啊！

玛丽：我也是，尤其是汉语语法，总是学不会，_____。

麦克：真希望老师能再给我们讲解讲解。

玛丽：或许我们可以互相帮助，一起攻克这个难题。

5. 应有尽有

对话情景：罗伯特刚来中国，想尝尝中国美食，小王作为他的好朋友，准备带他去美食街。

对话人物：小王和罗伯特

对话地点：街头

对话内容：

小　王：之前听说你想尝尝中国美食，中国地大物博，美食特别丰富，你想吃什么口味呢？

罗伯特：我比较想吃甜的或是辣的。中国的小吃也很有名，我想都尝尝。

小　王：那我们就去美食街吧，_____，不管是八大菜系还是各地小吃，都特别齐全，而且味道也不错。

罗伯特：那太好了！我想先尝尝粤菜，然后再来点儿四川小吃。

扫码看答案

第二十九课 29

1 生词表

1	容光焕发	róngguāng-huànfā	glowing with health
2	朝气蓬勃	zhāoqì-péngbó	be full of youthful spirit
3	举世无双	jǔshì-wúshuāng	be unparalleled in the world
4	举世瞩目	jǔshì-zhǔmù	attract worldwide attention
5	举世闻名	jǔshì-wénmíng	world-famous
6	远近闻名	yuǎnjìn-wénmíng	be known far and wide
7	大名鼎鼎	dàmíng-dǐngdǐng	well-known

8	家喻户晓	jiāyù-hùxiǎo	be known to every household
9	默默无闻	mòmò-wúwén	be unknown to the public
10	名副其实	míngfùqíshí	live up to one's reputation
11	当之无愧	dāngzhīwúkuì	be worthy of
12	可歌可泣	kěgē-kěqì	be capable of evoking praises and tears

② 成语释义及例句

1	容光焕发		义 容光：脸上的光彩；焕发：光彩四射的样子。脸上光彩四射，形容身体健康或精神饱满。 用 可做谓语、状语、定语，含褒义。 例 • 她每天都一副容光焕发的样子，看着很有精神。 • 这位老爷爷虽已年近八十，但身体硬朗，容光焕发。
2	朝气蓬勃		义 朝气：早晨的清新空气，引申为力求进取的精神状态；蓬勃：旺盛的样子。形容生气勃勃，充满活力。 用 可做谓语、状语、定语，含褒义。 例 • 青少年应该朝气蓬勃地过好每一天。 • 这几个刚毕业的大学生朝气蓬勃，干劲十足，为公司注入了新的活力。
3	举世无双		义 举：全；举世：全世界。世上没有第二个，形容少有，独一无二。 用 可做谓语、定语，含褒义。 例 • 他在体育方面取得的成就举世无双。 • 中国的圆明园是一座举世无双的大型皇家园林。
4	举世瞩目		义 举：全。瞩目：注视。全世界的人都注视着。 用 可做谓语、定语。 例 • 奥运会开幕式举世瞩目，吸引着世界各地人们的目光。 • 经过科研人员无数个日夜的努力，中国终于在航天领域取得了举世瞩目的成就。

5	举世闻名	义 举：全。在全世界都很有名，形容名声很大。 用 可做谓语、定语，含褒义。 例 • 长城是举世闻名的古代建筑，看过的人都会被它的雄伟所震撼。 • 九寨沟的风光举世闻名，每年都有许多中外游客前往游览。
6	远近闻名	义 名声传遍近的和远的地方，形容名气很大。 用 可做谓语、定语。 例 • 他是这一带远近闻名的大人物。 • 北京烤鸭远近闻名，是最值得品尝的中国美食之一。
7	大名鼎鼎	义 鼎鼎：盛大的样子。形容名气很大，极其有名。 用 可做定语。 例 • 这位大名鼎鼎的功夫明星一点儿也不傲慢，十分平易近人。 • 今天马克参观了大名鼎鼎的长城，回家后他认真地写了一篇作文记录这件事。
8	家喻户晓	义 喻：明白；晓：知道。每家每户都知道，形容人人皆知。 用 可做谓语、定语。 例 • 在中国，孙悟空可谓家喻户晓，孩子们都喜欢他。 • 经过媒体的报道，他见义勇为的行为现在已经家喻户晓。

第二十九课 29

9	默默无闻		义 默默：没有声息；闻：出名。形容不出名、不被人知道。 用 可做谓语、状语、定语。 例 • 梵高生前默默无闻，但去世后却受到了无数人的喜爱。 • 无数默默无闻的环卫工人用自己的劳动为我们创造了一个干净整洁的环境。
10	名副其实		义 副：符合。名称或名声与实际相符合。 用 可做谓语、定语。 例 • 都说"桂林山水甲天下"，我去过后发现，那里的风景名副其实，确实非常秀美。 • 云南昆明一年四季温暖如春，是名副其实的春城。
11	当之无愧		义 愧：惭愧。担得起某种荣誉或称号，不用感到惭愧。 用 可做谓语、定语，含褒义。 例 • 小明活泼开朗，积极帮助同学学习，他被评为"阳光少年"当之无愧。 • 梅兰芳是当之无愧的京剧表演艺术家。
12	可歌可泣		义 可：值得；歌：歌颂；泣：流泪。值得歌颂，值得感动流泪，形容悲壮感人。 用 可做谓语、定语，含褒义。 例 • 这位消防员的英勇行为可歌可泣，受到了政府的表彰。 • 罗密欧与朱丽叶可歌可泣的爱情故事感动了无数人。

299

3 练习

一、根据意思写出成语

1. 担得起某种荣誉或称号，不用感到惭愧。
2. 每家每户都知道，形容人人皆知。
3. 名声传遍近的和远的地方，形容名气很大。
4. 在全世界都很有名，形容名声很大。
5. 脸上光彩四射，形容身体健康或精神饱满。
6. 形容生气勃勃，充满活力。

二、选出画线字在成语中的意思

1. 朝气蓬勃（　　）
   A. 往、向　　　B. 早晨　　　C. 天

2. 举世无双（　　）
   A. 拿起来　　　B. 行为　　　C. 全

3. 家喻户晓（　　）
   A. 比喻　　　B. 明白　　　C. 说明

4. 可歌可泣（　　）
   A. 值得　　　B. 适合　　　C. 同意

5. 名副其实（　　）
   A. 第二位的　　B. 一对　　　C. 符合

三、选择合适的成语填空

（一）A. 容光焕发　B. 朝气蓬勃　C. 举世无双　D. 大名鼎鼎

1. 爷爷已经卧病在床两个月了，但最近他逐渐（　　　　），让大家松了一口气。
2. 作为老师，听着这些（　　　　）的孩子的读书声，心里格外激动。

第二十九课 29

3. 经过多年的努力，他终于成为国内（　　）的艺术家。
4. 青年人好像早晨八九点钟的太阳，（　　），富有理想。
5. 她的才华（　　），作品备受追捧。
6. 只要看到这雄伟的长城，你就会知道中国人民的智慧（　　）！
7. 没想到这位（　　）的作家竟然就住在我家附近，我感到十分荣幸。
8. 只要坚持锻炼身体，皮肤就会呈现出健康的状态，整个人也会（　　）。

（二）A. 当之无愧　B. 远近闻名　C. 举世瞩目　D. 家喻户晓

1. 经过几十年的奋斗，中国的改革开放和现代化建设取得了（　　）的伟大成就。
2. 这个村子的街道干净整洁，是（　　）的模范村。
3. 始建于1895年的天津大学是中国（　　）的名牌大学。
4. 妈妈为公司付出了许多，得到这笔奖金（　　）。
5. 一定要让法律法规（　　），让每个人都知法守法。
6. 中国高铁的快速发展（　　），已经成为展示中国速度和中国智慧的"国家名片"。
7. 她的演技细腻精湛，被评为奥斯卡影后是（　　）的。
8. 来北京旅游，有些地方不能不去，其中之一就是（　　）的香山。

（三）A. 默默无闻　B. 名副其实　C. 举世闻名　D. 可歌可泣

1. 这个画家因其令人惊叹的艺术成就而（　　）。
2. 我们总说父母是伟大的，因为他们总是（　　）地给予我们想要的一切。
3. 他是个（　　）的小气鬼，你别想从他那里借到一分钱。
4. 在经历了这次自然灾害后，农民们又重新振作了起来，他们这种不畏艰难的精神（　　）。
5. 北京的故宫（　　），每年都会吸引世界各地的游客前去参观。
6. 张老师在这个山区小学里（　　）地工作了几十年，为教育事业贡献了一生。
7. 这本书写得很好，入选年度十大好书真是（　　）。
8. 这些消防英雄的故事（　　），让人听了十分感动。

四、根据对话情景，用所给成语造句，将对话补充完整

1. 朝气蓬勃

对话情景：小李最近心情不好，小林想让他放松一下，便找他一起打篮球。

对话人物：小林和小李

对话地点：教室

对话内容：

小林：小李，课后一起去打篮球吗？

小李：算了吧，最近考试没考好，家里也出现了很多矛盾，根本没有心情玩。

小林：心情不好更应该用运动来缓解了。我们还年轻，＿＿＿＿＿＿＿＿＿＿，不要总是死气沉沉的。

小李：你说得对，或许打打篮球能让我开心些，我们一起去篮球场吧。

2. 举世闻名

对话情景：假期过后，小李和小林在校园里偶遇，两人聊起了假期生活。

对话人物：小林和小李

对话地点：校园

对话内容：

小林：小李，好久不见！这个假期你去哪里玩了？

小李：我去西安旅游了几天，参观了兵马俑和大雁塔。

小林：哇！＿＿＿＿＿＿＿＿＿＿＿＿＿＿，有机会我也想去看看。

小李：真的非常值得一看。我这次也学到了很多历史知识。

3. 家喻户晓

对话情景：小林下个月打算去听周杰伦的演唱会，今天邀请小李和他一起去。

对话人物：小林和小李

第二十九课 29

对话地点：教室

对话内容：

小林：你知道吗？周杰伦最近要在天津开演唱会了，大家都特别期待。

小李：＿＿＿＿＿＿＿＿＿＿＿＿＿＿＿。

小林：对，我特别喜欢他。我正好抢到了两张门票，你愿意下个月和我一起去吗？

小李：当然愿意！

4. 名副其实

对话情景：小明和小红在一家艺术展览馆看画展。

对话人物：小明和小红

对话地点：艺术展览馆

对话内容：

小明：这些画真是太美了！每一幅都很独特。你看这位画家的作品，色彩好丰富！

小红：没错，这位画家的作品充满了生活的智慧和对人生的思考，绘画也很细腻。据说他在国际上很有知名度，＿＿＿＿＿＿＿＿＿＿＿＿＿＿！

小明：难怪这么多人来欣赏这些艺术品。

小红：是呀，我们来参观真是个明智的决定。

5. 可歌可泣

对话情景：小林和小李下课后在图书馆看书，两个人正在讨论喜欢的书。

对话人物：小林和小李

对话地点：图书馆

对话内容：

小林：你读过莎士比亚的作品吗？

小李：我读过他的四大悲剧，印象最深的是《哈姆雷特》。

小林：他塑造的悲剧英雄都勇敢无畏，＿＿＿＿＿＿＿＿＿＿＿＿。我还读了莎

士比亚的其他戏剧和诗歌，不得不说，他真是个天才！

小李：是的，我有机会也要深入了解一下他的作品。

扫码看答案

第三十课 30

成语故事二则及综合练习

刻舟求剑

	刻舟求剑	义 比喻办事死板，不知道跟着情势的变化而改变看法或办法。 用 可做谓语、状语、定语，含贬义。 例 • 刻舟求剑只会让我们停滞不前，无法适应新的环境和变化，只有不断创新才能赢得未来。 • 时代在不断地发展变化，我们不能用刻舟求剑的方法解决新出现的问题。
1		

❶ 课　文

　　从前有个人坐船过江，一不小心，挂在身上的宝剑掉进了江里。船上的人都替他着急，有人催他："还不赶快把剑捞上来！"可那个人却一点儿也不着急，他掏出小刀在船舷上刻了一个记号。有人问他："剑都掉进江里了，在船舷上刻记号有什么用啊？"那个人不慌不忙，指了指刻的记号，说："不用着急，宝剑是从这儿掉下去的，等船靠了岸，我从这儿跳下去，就能把宝剑捞上来了。"

2 生词

1	刻舟求剑	kèzhōu-qiújiàn	make a notch on the side of a moving boat to indicate where one's sword has dropped—take measures without regard to changes in circumstances
2	一不小心	yí bù xiǎoxīn	accidentally
3	宝剑	bǎojiàn	sword
4	催	cuī	to expedite
5	捞	lāo	to dredge up
6	掏	tāo	to take out
7	船舷	chuánxián	ship's side
8	刻	kè	to carve
9	记号	jìhao	mark
10	不慌不忙	bùhuāng-bùmáng	have a cool head
11	岸	àn	shore

第三十课 自相矛盾

	自相矛盾	
2		义 比喻语言、行动前后互相抵触。 用 可做谓语、定语，含贬义。 例 • 他一方面声称自己支持环保，另一方面却在日常生活中大量使用一次性塑料制品，真是自相矛盾。 • 小刘是个爱说谎的人，其实你只要稍微留意一下就会发现，他的话常常会出现自相矛盾的情况。

1 课　文

有个人来到大街上卖兵器。他先夸耀自己的盾，说："我的盾很坚固，无论用什么东西都无法刺穿它！"然后，他又夸耀自己的矛，说："我的矛很锋利，能穿透世界上的任何东西！"围观的人问他："如果用你的矛去刺你的盾，结果会怎么样呢？"那个人不知道如何回答，大家都笑了起来。无法被刺穿的盾牌和能刺破任何盾牌的长矛，是不可能同时存在的。

2 生　词

1	自相矛盾	zìxiāng-máodùn	self-contradictory
2	大街	dàjiē	street
3	兵器	bīngqì	weapon

4	夸耀	kuāyào	to boast
5	盾	dùn	shield
6	刺穿	cìchuān	to stab
7	矛	máo	spear
8	锋利	fēnglì	sharp
9	穿透	chuāntòu	to pierce
10	盾牌	dùnpái	shield

第三十课

综合练习

（24—29 课）

一、判断下列成语的使用是否正确

1. 这位老奶奶已经年近古稀，可每天都容光焕发、朝气蓬勃的。（　　）
2. 他是公司的老员工了，对公司的规章制度胸有成竹。（　　）
3. 刘叔叔是我们的老邻居，虽然多年不见，但我对他依然记忆犹新。（　　）
4. 他戴上新眼镜，终于能一目了然地看清楚黑板上的字了。（　　）
5. 妻子睡着后，丈夫小心翼翼地从床上起来，走到房间外抽烟。（　　）
6. 这位护士对待患者非常有耐心，每个人都能面面俱到地照顾到。（　　）
7. 我恐高，和朋友一起走玻璃栈道时扣人心弦。（　　）
8. 这个司机开车时玩手机，还闯红灯，根本不遵守交通规则，简直骇人听闻。（　　）
9. 春节时家家户户都张灯结彩，欢乐的气氛触目惊心。（　　）
10. 长城是依据得天独厚的先天优势修建而成的。（　　）
11. 先烈们的英雄事迹感人至深，值得大家可歌可泣。（　　）
12. 这位就是那个默默无闻地收留了几十名孤儿的大名鼎鼎的慈善家。（　　）
13. 我历经千辛万苦登顶了泰山，站在山顶看到了举世无双的日出。（　　）
14. 万万没想到，这位昔日的大明星也有走投无路的一天。（　　）
15. 妈妈从小就培养孩子独立自主、异想天开的能力。（　　）

二、请把下列成语填入合适的类别中

1. 风餐露宿　　　　2. 忍饥挨饿　　　　3. 聚精会神
4. 目不转睛　　　　5. 无家可归　　　　6. 小心翼翼
7. 粗心大意　　　　8. 垂头丧气　　　　9. 精疲力竭
10. 无精打采　　　11. 疲惫不堪　　　12. 举世瞩目
13. 举世闻名　　　14. 家喻户晓　　　15. 应有尽有

309

16. 走投无路   17. 倾家荡产   18. 一应俱全
19. 容光焕发   20. 远近闻名   21. 大名鼎鼎
22. 朝气蓬勃

A. 表示很齐全的成语：_____

B. 表示很有名的成语：_____

C. 表示有精神的成语：_____

D. 形容生活状态不好的成语：_____

E. 形容精神状态不好的成语：_____

F. 和注意力有关的成语：_____

三、在空格中填入合适的汉字，使每个成语都成立

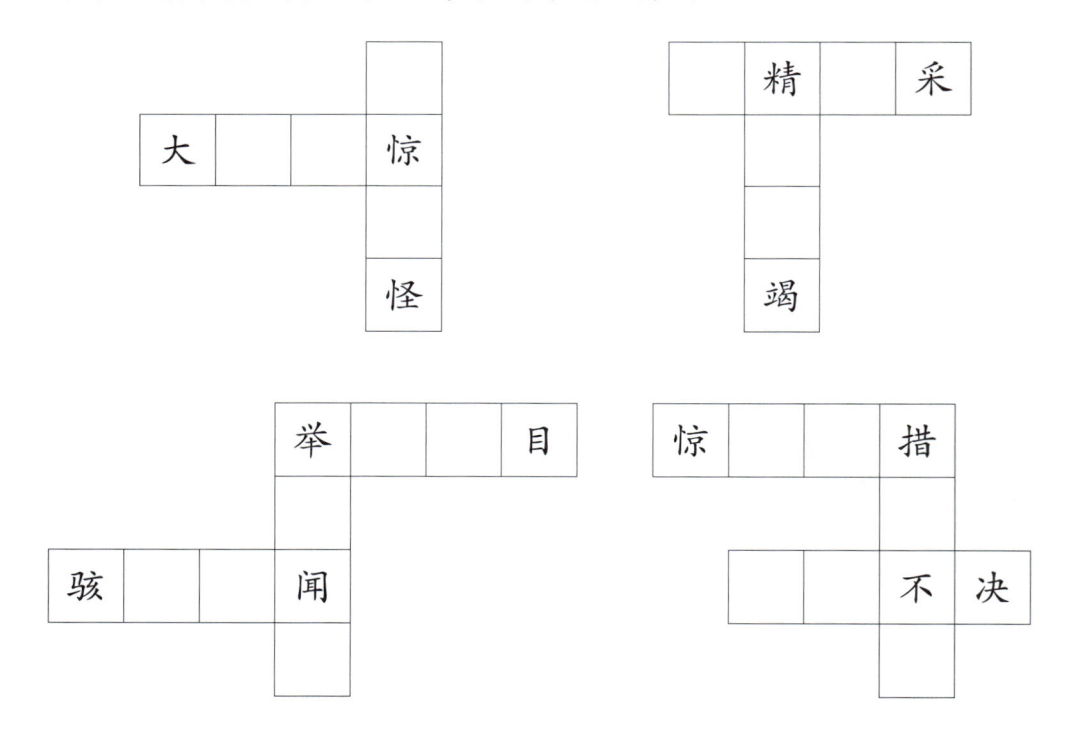

	扣	
心		胆

	思	
胡		想

四、小组活动

半信半疑	胸有成竹	犹豫不决
恍然大悟	目不转睛	小心翼翼
粗心大意	哭笑不得	垂头丧气
惊慌失措	目瞪口呆	无可奈何
朝气蓬勃	忍饥挨饿	

活动要求

2—4人一组，从上面选一个成语进行表演，或者用它说说自己的经历。

扫码看答案

索 引

序号	成语（词性）	拼音	等级	原 HSK 序号	课号
A					
1	挨家挨户	āijiā-āihù	高等	8	3
2	爱不释手	àibúshìshǒu	高等	19	22
B					
3	半途而废	bàntú'érfèi	高等	150	18
4	半信半疑	bànxìn-bànyí	高等	151	24
5	半真半假	bànzhēn-bànjiǎ	高等	153	24
6	暴风骤雨	bàofēng-zhòuyǔ	高等	242	1
7	悲欢离合	bēihuān-líhé	高等	263	4
8	比比皆是	bǐbǐ-jiēshì	高等	333	3
9	变幻莫测	biànhuàn-mòcè	高等	400	5
10	别具匠心	biéjù-jiàngxīn	高等	458	16
11	彬彬有礼	bīnbīn-yǒulǐ	高等	467	16
12	不亦乐乎	búyìlèhū	高等	551	14
13	不翼而飞	búyì'érfēi	高等	553	5
14	不正之风	búzhèngzhīfēng	高等	558	16

索 引

15	不耻下问	bùchǐ-xiàwèn	高等	577	19
16	不辞而别	bùcí'érbié	高等	578	16
17	不得而知	bùdé'érzhī	高等	580	25
18	不假思索	bùjiǎ-sīsuǒ	高等	590	24
19	不可思议	bùkě-sīyì	高等	600	24
20	不了了之	bùliǎo-liǎozhī	高等	604	6
21	不同寻常	bùtóng-xúncháng	高等	620	11
22	不相上下	bùxiāng-shàngxià	高等	623	7
23	不以为然	bùyǐwéirán	高等	630	19
24	不由自主	bùyóuzìzhǔ	高等	632	28
25	不约而同	bùyuē'értóng	高等	634	19
26	不知不觉	bùzhī-bùjué	高等	638	25
		C			
27	层出不穷	céngchū-bùqióng	高等	760	4
28	成千上万	chéngqiān-shàngwàn	高等	966	3
29	成群结队	chéngqún-jiéduì	高等	967	3
30	诚心诚意	chéngxīn-chéngyì	高等	981	16
31	乘人之危	chéngrénzhīwēi	高等	1002	21
32	吃喝玩乐	chī-hē-wán-lè	高等	1017	4
33	持之以恒	chízhī-yǐhéng	高等	1037	18
34	愁眉苦脸	chóuméi-kǔliǎn	高等	1094	22

35	出口成章	chūkǒu-chéngzhāng	高等	1128	12
36	出人意料	chūrényìliào	高等	1138	27
37	触目惊心	chùmù-jīngxīn	高等	1205	27
38	川流不息	chuānliú-bùxī	高等	1210	1
39	垂头丧气	chuítóu-sàngqì	高等	1270	26
40	此起彼伏	cǐqǐ-bǐfú	高等	1307	5
41	从容不迫	cóngróng-búpò	高等	1339	26
42	粗心大意	cūxīn-dàyì	高等	1357	25
43	措手不及	cuòshǒu-bùjí	高等	1385	26
44	错综复杂	cuòzōng-fùzá	高等	1392	7
		D			
45	大包大揽	dàbāo-dàlǎn	高等	1449	21
46	大吃一惊	dàchī-yìjīng	高等	1453	27
47	大公无私	dàgōng-wúsī	高等	1468	20
48	大街小巷	dàjiē-xiǎoxiàng	高等	1477	3
49	大惊小怪	dàjīng-xiǎoguài	高等	1479	27
50	大名鼎鼎	dàmíng-dǐngdǐng	高等	1490	29
51	大模大样	dàmú-dàyàng	高等	1491	19
52	大同小异	dàtóng-xiǎoyì	高等	1510	6
53	大有可为	dàyǒu-kěwéi	高等	1524	7
54	当务之急	dāngwùzhījí	高等	1615	10

索 引

55	当之无愧	dāngzhī-wúkuì	高等	1620	29
56	得不偿失	débùchángshī	高等	1680	28
57	得天独厚	détiān-dúhòu	高等	1690	28
58	得意扬扬	déyì-yángyáng	高等	1694	22
59	东奔西走	dōngbēn-xīzǒu	高等	1902	17
60	东张西望	dōngzhāng-xīwàng	高等	1909	14
61	独立自主	dúlì-zìzhǔ	高等	1970	28
62	独一无二	dúyī-wú'èr	高等	1973	11
63	断断续续（形）	duànduànxùxù	高等	2008	2

E

64	耳目一新	ěrmù-yìxīn	高等	2115	11
65	耳熟能详	ěrshú-néngxiáng	高等	2116	5
66	耳闻目睹	ěrwén-mùdǔ	高等	2117	21

F

67	发愤图强	fāfèn-túqiáng	高等	2137	17
68	发扬光大	fāyáng-guāngdà	高等	2164	21
69	翻来覆去	fānlái-fùqù	高等	2187	5
70	翻天覆地	fāntiān-fùdì	高等	2188	1
71	废寝忘食	fèiqǐn-wàngshí	高等	2320	18
72	沸沸扬扬（形）	fèifèiyángyáng	高等	2323	13
73	丰富多彩	fēngfù-duōcǎi	高等	2381	3

74	风餐露宿	fēngcān-lùsù	高等	2391	28
75	风风雨雨（名）	fēngfēngyǔyǔ	高等	2394	1
76	风和日丽	fēnghé-rìlì	高等	2397	1
77	峰回路转	fēnghuí-lùzhuǎn	高等	2425	1
		G			
78	改邪归正	gǎixié-guīzhèng	高等	2547	21
79	格格不入	gégé-búrù	高等	2704	11
80	各奔前程	gèbènqiánchéng	高等	2723	19
81	各式各样	gèshì-gèyàng	高等	2726	3
82	根深蒂固	gēnshēn-dìgù	高等	2735	6
83	供不应求	gōngbúyìngqiú	高等	2836	4
84	沽名钓誉	gūmíng-diàoyù	高等	2879	21
85	孤陋寡闻	gūlòu-guǎwén	高等	2885	19
86	古今中外	gǔjīn-zhōngwài	高等	2895	4
87	顾全大局	gùquán-dàjú	高等	2928	20
88	光明磊落	guāngmíng-lěiluò	高等	3025	16
89	归根到底	guīgēn-dàodǐ	高等	3040	6
		H			
90	骇人听闻	hàiréntīngwén	高等	3168	27
91	毫不犹豫	háo bù yóuyù	高等	3210	24
92	合情合理	héqíng-hélǐ	高等	3271	27

索 引

93	鹤立鸡群	hèlìjīqún	高等	3313	11
94	横七竖八	héngqī-shùbā	高等	3333	7
95	哄堂大笑	hōngtáng-dàxiào	高等	3341	14
96	后顾之忧	hòugùzhīyōu	高等	3372	27
97	呼风唤雨	hūfēng-huànyǔ	高等	3393	1
98	忽高忽低	hūgāo-hūdī	高等	3400	5
99	胡思乱想	húsī-luànxiǎng	高等	3407	27
100	化险为夷	huàxiǎnwéiyí	高等	3461	5
101	画龙点睛	huàlóng-diǎnjīng	高等	3470	23
102	画蛇添足	huàshé-tiānzú	高等	3473	23
103	欢声笑语	huānshēng-xiàoyǔ	高等	3497	14
104	恍然大悟	huǎngrán-dàwù	高等	3545	25
105	绘声绘色	huìshēng-huìsè	高等	3608	12

J

106	记忆犹新	jìyì-yóuxīn	高等	3790	24
107	家家户户（名）	jiājiāhùhù	高等	3853	3
108	家喻户晓	jiāyù-hùxiǎo	高等	3865	29
109	坚持不懈	jiānchí-búxiè	高等	3904	18
110	艰苦奋斗	jiānkǔ-fèndòu	高等	3920	17
111	见钱眼开	jiànqián-yǎnkāi	高等	3973	20
112	见仁见智	jiànrén-jiànzhì	高等	3974	6

113	见义勇为	jiànyì-yǒngwéi	高等	3978	16
114	交头接耳	jiāotóu-jiē'ěr	高等	4068	14
115	接二连三	jiē'èr-jiē'ěr	高等	4145	4
116	节衣缩食	jiéyī-suōshí	高等	4180	20
117	截然不同	jiérán-bùtóng	高等	4200	11
118	竭尽全力	jiéjìn-quánlì	高等	4203	17
119	津津有味	jīnjīn-yǒuwèi	高等	4258	22
120	经久不息	jīngjiǔ-bùxī	高等	4327	2
121	惊慌失措	jīnghuāng-shīcuò	高等	4339	26
122	惊天动地	jīngtiān-dòngdì	高等	4343	1
123	惊心动魄	jīngxīn-dòngpò	高等	4346	27
124	兢兢业业（形）	jīngjīngyèyè	高等	4350	17
125	精打细算	jīngdǎ-xìsuàn	高等	4353	20
126	精疲力竭	jīngpí-lìjié	高等	4361	26
127	精益求精	jīngyìqiújīng	高等	4371	18
128	敬而远之	jìng'éryuǎnzhī	高等	4400	9
129	居高临下	jūgāo-línxià	高等	4461	7
130	举世闻名	jǔshì-wénmíng	高等	4483	29
131	举世无双	jǔshì-wúshuāng	高等	4484	29
132	举世瞩目	jǔshì-zhǔmù	高等	4485	29
133	举一反三	jǔyī-fǎnsān	高等	4488	16

134	聚精会神	jùjīng-huìshén	高等	4523	25

K

135	开天辟地	kāitiān-pìdì	高等	4605	1
136	可乘之机	kěchéngzhījī	高等	4695	2
137	可歌可泣	kěgē-kěqì	高等	4697	29
138	可想而知	kěxiǎng'érzhī	高等	4711	25
139	刻舟求剑	kèzhōu-qiújiàn	高等	4727	30
140	扣人心弦	kòurénxīnxián	高等	4798	27
141	哭笑不得	kūxiào-bùdé	高等	4803	26
142	夸夸其谈	kuākuā-qítán	高等	4819	12

L

143	来龙去脉	láilóng-qùmài	高等	4909	6
144	冷酷无情	lěngkù-wúqíng	高等	5002	21
145	理所当然	lǐsuǒdāngrán	高等	5044	10
146	理直气壮	lǐzhí-qìzhuàng	高等	5048	10
147	力不从心	lìbùcóngxīn	高等	5052	20
148	力所能及	lìsuǒnéngjí	高等	5057	20
149	连滚带爬	liángǔn-dàipá	高等	5091	17
150	恋恋不舍	liànliàn-bùshě	高等	5127	22
151	寥寥无几	liáoliáo-wújǐ	高等	5159	4
152	灵机一动	língjī-yídòng	高等	5197	16

153	乱七八糟（形）	luànqībāzāo	高等	5345	14
154	络绎不绝	luòyì-bùjué	高等	5369	4
		M			
155	没完没了	méiwán-méiliǎo	高等	5466	4
156	眉开眼笑	méikāi-yǎnxiào	高等	5475	22
157	美中不足	měizhōng-bùzú	高等	5503	6
158	门当户对	méndāng-hùduì	高等	5509	9
159	迷惑不解	míhuò-bùjiě	高等	5535	24
160	密不可分	mìbùkěfēn	高等	5553	6
161	面红耳赤	miànhóng-ěrchì	高等	5580	22
162	面面俱到	miànmiàn-jùdào	高等	5584	25
163	面目全非	miànmù-quánfēi	高等	5585	5
164	名副其实	míngfùqíshí	高等	5624	29
165	莫名其妙	mòmíngqímiào	高等	5684	24
166	默默无闻	mòmò-wúwén	高等	5690	29
167	目不转睛	mùbùzhuǎnjīng	高等	5710	25
168	目瞪口呆	mùdèng-kǒudāi	高等	5711	27
169	目中无人	mùzhōng-wúrén	高等	5718	19
		N			
170	耐人寻味	nàirénxúnwèi	高等	5764	24
171	难以置信	nányǐ-zhìxìn	高等	5804	24

索 引

172	恼羞成怒	nǎoxiū-chéngnù	高等	5806	22
173	念念不忘	niànniàn-búwàng	高等	5872	22
174	弄虚作假	nòngxū-zuòjiǎ	高等	5913	21
		P			
175	鹏程万里	péngchéng-wànlǐ	高等	6030	9
176	疲惫不堪	píbèi-bùkān	高等	6057	26
177	萍水相逢	píngshuǐ-xiāngféng	高等	6160	9
178	迫不及待	pòbùjídài	高等	6165	26
179	扑面而来	pūmiàn-érlái	高等	6182	5
		Q			
180	七嘴八舌	qīzuǐ-bāshé	高等	6198	13
181	齐心协力	qíxīn-xiélì	高等	6216	19
182	奇花异草	qíhuā-yìcǎo	高等	6226	2
183	岂有此理	qǐyǒucǐlǐ	高等	6241	10
184	迄今为止	qìjīn-wéizhǐ	高等	6284	2
185	恰到好处	qiàdào-hǎochù	高等	6298	7
186	恰如其分	qiàrú-qífèn	高等	6303	7
187	千变万化	qiānbiàn-wànhuà	高等	6305	5
188	千方百计	qiānfāng-bǎijì	高等	6306	17
189	千家万户	qiānjiā-wànhù	高等	6307	3
190	千军万马	qiānjūn-wànmǎ	高等	6308	3

191	千钧一发	qiānjūn-yīfà	高等	6309	2
192	前赴后继	qiánfù-hòujì	高等	6338	18
193	前所未有	qiánsuǒwèiyǒu	高等	6347	11
194	前无古人	qiánwúgǔrén	高等	6354	11
195	前仰后合	qiányǎng-hòuhé	高等	6358	22
196	潜移默化	qiányí-mòhuà	高等	6369	5
197	亲朋好友	qīnpéng-hǎoyǒu	高等	6443	9
198	勤工俭学	qíngōng-jiǎnxué	高等	6458	17
199	轻而易举	qīng'éryìjǔ	高等	6469	20
200	倾家荡产	qīngjiā-dàngchǎn	高等	6475	28
201	情不自禁	qíngbúzìjīn	高等	6502	22
202	取而代之	qǔ'érdàizhī	高等	6572	5
203	全力以赴	quánlìyǐfù	高等	6610	17
204	全心全意	quánxīn-quányì	高等	6619	17
		R			
205	忍饥挨饿	rěnjī-ái'è	高等	6729	28
206	任人宰割	rènrén-zǎigē	高等	6750	20
207	日复一日	rìfùyírì	高等	6763	2
208	日新月异	rìxīn-yuèyì	高等	6770	1
209	容光焕发	róngguāng-huànfā	高等	6778	29
210	如愿以偿	rúyuànyǐcháng	高等	6807	9

索 引

| 211 | 如醉如痴 | rúzuì-rúchī | 高等 | 6808 | 22 |

S

212	三番五次	sānfān-wǔcì	高等	6842	4
213	身不由己	shēnbùyóujǐ	高等	7050	28
214	深入人心	shēnrù-rénxīn	高等	7073	6
215	盛气凌人	shèngqì-língrén	高等	7163	19
216	十字路口	shízì lùkǒu	高等	7204	7
217	实话实说	shíhuà-shíshuō	高等	7236	12
218	实事求是	shíshì-qiúshì	高等	7244	18
219	史无前例	shǐwúqiánlì	高等	7263	11
220	势不可当	shìbùkědāng	高等	7293	7
221	守株待兔	shǒuzhū-dàitù	高等	7399	8
222	水落石出	shuǐluò-shíchū	高等	7551	1
223	水涨船高	shuǐzhǎng-chuángāo	高等	7560	6
224	顺理成章	shùnlǐ-chéngzhāng	高等	7575	10
225	顺其自然	shùnqízìrán	高等	7578	1
226	司空见惯	sīkōng-jiànguàn	高等	7609	24
227	思前想后	sīqián-xiǎnghòu	高等	7627	27
228	死心塌地	sǐxīn-tādì	高等	7635	18
229	四面八方	sìmiàn-bāfāng	高等	7640	3
230	似曾相识	sìcéng-xiāngshí	高等	7644	9

231	似是而非	sìshì-érfēi	高等	7646	24
232	素不相识	sùbùxiāngshí	高等	7678	9
233	酸甜苦辣	suān-tián-kǔ-là	五级	7691	4
234	随时随地	suíshí-suídì	高等	7711	25
235	随心所欲	suíxīnsuǒyù	高等	7713	26
236	损人利己	sǔnrén-lìjǐ	高等	7727	21
237	所作所为	suǒzuò-suǒwéi	高等	7743	21
T					
238	滔滔不绝	tāotāo-bùjué	高等	7829	12
239	讨价还价	tǎojià-huánjià	高等	7847	20
240	提心吊胆	tíxīn-diàodǎn	高等	7897	27
241	天长地久	tiāncháng-dìjiǔ	高等	7930	2
242	天经地义	tiānjīng-dìyì	高等	7935	10
243	同舟共济	tóngzhōu-gòngjì	高等	8074	19
244	头头是道	tóutóu-shìdào	高等	8107	12
245	突如其来	tūrú-qílái	高等	8137	5
246	土生土长	tǔshēng-tǔzhǎng	高等	8160	1
247	脱口而出	tuōkǒu'érchū	高等	8217	13
248	脱颖而出	tuōyǐng'érchū	高等	8221	11

W

249	万古长青	wàngǔ-chángqīng	高等	8312	2
250	万无一失	wànwú-yìshī	高等	8315	6
251	亡羊补牢	wángyáng-bǔláo	高等	8318	8
252	微不足道	wēibùzúdào	高等	8367	10
253	无恶不作	wú'è-búzuò	高等	8512	21
254	无关紧要	wúguān-jǐnyào	高等	8518	10
255	无济于事	wújìyúshì	高等	8520	20
256	无家可归	wújiā-kěguī	高等	8521	28
257	无精打采	wújīng-dǎcǎi	高等	8522	26
258	无可奉告	wúkěfènggào	高等	8523	13
259	无可厚非	wúkěhòufēi	高等	8524	10
260	无可奈何	wúkěnàihé	高等	8525	28
261	无论如何	wúlùn-rúhé	高等	8530	13
262	无能为力	wúnéngwéilì	高等	8533	20
263	无情无义	wúqíng-wúyì	高等	8535	21
264	无所事事	wúsuǒshìshì	高等	8539	28
265	无所作为	wúsuǒzuòwéi	高等	8541	28
266	无微不至	wúwēi-búzhì	高等	8543	25
267	无忧无虑	wúyōu-wúlǜ	高等	8553	26
268	无足轻重	wúzú-qīngzhòng	高等	8556	10

269	五花八门	wǔhuā-bāmén	高等	8558	3
270	五颜六色	wǔyán-liùsè	四级	8560	3
		X			
271	息息相关	xīxī-xiāngguān	高等	8615	6
272	熙熙攘攘（形）	xīxī-rǎngrǎng	高等	8621	14
273	喜出望外	xǐchūwàngwài	高等	8639	22
274	喜怒哀乐	xǐ-nù-āi-lè	高等	8644	4
275	显而易见	xiǎn'éryìjiàn	高等	8747	10
276	相比之下	xiāngbǐ zhī xià	高等	8792	7
277	相辅相成	xiāngfǔ-xiāngchéng	高等	8802	6
278	相提并论	xiāngtí-bìnglùn	高等	8809	13
279	相依为命	xiāngyī-wéimìng	高等	8813	19
280	想方设法	xiǎngfāng-shèfǎ	高等	8844	17
281	小心翼翼	xiǎoxīn-yìyì	高等	8915	25
282	心安理得	xīn'ān-lǐdé	高等	8974	26
283	心急如焚	xīnjí-rúfén	高等	8979	26
284	心灵手巧	xīnlíng-shǒuqiǎo	高等	8984	16
285	心想事成	xīnxiǎng-shìchéng	高等	8993	9
286	欣欣向荣	xīnxīn-xiàngróng	高等	9009	2
287	新陈代谢	xīnchén-dàixiè	高等	9012	5
288	形形色色（形）	xíngxíngsèsè	高等	9075	3

289	形影不离	xíngyǐng-bùlí	高等	9076	9
290	兴高采烈	xìnggāo-cǎiliè	高等	9084	22
291	胸有成竹	xiōngyǒuchéngzhú	高等	9114	24
292	袖手旁观	xiùshǒu-pángguān	高等	9140	16
293	雪上加霜	xuěshàng-jiāshuāng	高等	9229	1
294	循序渐进	xúnxù-jiànjìn	高等	9247	18

Y

295	鸦雀无声	yāquè-wúshēng	高等	9263	14
296	摇摇欲坠	yáoyáo-yùzhuì	高等	9400	2
297	夜以继日	yèyǐjìrì	高等	9457	18
298	衣食住行	yī-shí-zhù-xíng	高等	9469	4
299	依依不舍	yīyī-bùshě	高等	9485	22
300	一概而论	yígài'érlùn	高等	9502	13
301	一技之长	yíjìzhīcháng	高等	9509	16
302	一路平安	yílù-píng'ān	二级	9513	9
303	一路顺风	yílù-shùnfēng	二级	9515	9
304	一目了然	yímù-liǎorán	高等	9518	24
305	一事无成	yíshì-wúchéng	高等	9520	20
306	怡然自得	yírán-zìdé	高等	9535	26
307	以身作则	yǐshēn-zuòzé	高等	9569	16
308	一成不变	yìchéng-búbiàn	高等	9583	5

309	一筹莫展	yìchóu-mòzhǎn	高等	9584	20
310	一帆风顺	yìfān-fēngshùn	高等	9587	9
311	一干二净	yìgān-èrjìng	高等	9590	14
312	一鼓作气	yìgǔ-zuòqì	高等	9591	17
313	一举一动	yìjǔ-yídòng	高等	9597	21
314	一毛不拔	yìmáo-bùbá	高等	9603	20
315	一模一样	yìmú-yíyàng	六级	9604	7
316	一如既往	yìrú-jìwǎng	高等	9609	18
317	一声不吭	yìshēng-bùkēng	高等	9612	13
318	一塌糊涂	yìtāhútú	高等	9615	14
319	一无所有	yìwúsuǒyǒu	高等	9620	28
320	一无所知	yìwúsuǒzhī	高等	9621	25
321	一心一意	yìxīn-yíyì	高等	9624	18
322	一言不发	yìyán-bùfā	高等	9626	13
323	一言一行	yìyán-yìxíng	高等	9627	21
324	一应俱全	yìyīng-jùquán	高等	9629	28
325	异口同声	yìkǒu-tóngshēng	高等	9646	19
326	异想天开	yìxiǎng-tiānkāi	高等	9647	27
327	抑扬顿挫	yìyáng-dùncuò	高等	9650	12
328	因人而异	yīnrén'éryì	高等	9677	6
329	引经据典	yǐnjīng-jùdiǎn	高等	9702	12

索 引

330	引人入胜	yǐnrén-rùshèng	高等	9706	25
331	引人注目	yǐnrén-zhùmù	高等	9707	25
332	应有尽有	yīngyǒu-jìnyǒu	高等	9735	28
333	勇往直前	yǒngwǎng-zhíqián	高等	9789	18
334	犹豫不决	yóuyù-bùjué	高等	9847	24
335	有的放矢	yǒudì-fàngshǐ	高等	9870	21
336	有口无心	yǒukǒu-wúxīn	高等	9877	13
337	有声有色	yǒushēng-yǒusè	高等	9886	12
338	有朝一日	yǒuzhāo-yírì	高等	9903	2
339	愚公移山	yúgōng-yíshān	高等	9927	15
340	与日俱增	yǔrì-jùzēng	高等	9933	18
341	与时俱进	yǔshí-jùjìn	高等	9934	18
342	与众不同	yǔzhòng-bùtóng	高等	9935	11
343	愈演愈烈	yùyǎn-yùliè	高等	9983	5
344	原汁原味	yuánzhī-yuánwèi	高等	10014	1
345	源源不断	yuányuán-búduàn	高等	10026	4
346	远近闻名	yuǎnjìn-wénmíng	高等	10032	29
347	约定俗成	yuēdìng-súchéng	高等	10049	10

Z

| 348 | 杂乱无章 | záluàn-wúzhāng | 高等 | 10101 | 7 |
| 349 | 赞不绝口 | zànbùjuékǒu | 高等 | 10136 | 12 |

329

350	赞叹不已	zàntàn-bùyǐ	高等	10141	12
351	斩草除根	zhǎncǎo-chúgēn	高等	10223	2
352	张灯结彩	zhāngdēng-jiécǎi	高等	10254	14
353	朝气蓬勃	zhāoqì-péngbó	高等	10291	29
354	朝三暮四	zhāosān-mùsì	高等	10292	15
355	朝夕相处	zhāoxī-xiāngchǔ	高等	10293	9
356	针锋相对	zhēnfēng-xiāngduì	高等	10343	9
357	争分夺秒	zhēngfēn-duómiǎo	高等	10385	2
358	争先恐后	zhēngxiān-kǒnghòu	高等	10390	18
359	指手画脚	zhǐshǒu-huàjiǎo	高等	10548	19
360	至关重要	zhìguān-zhòngyào	高等	10558	10
361	众所周知	zhòngsuǒzhōuzhī	高等	10664	10
362	众志成城	zhòngzhì-chéngchéng	高等	10665	19
363	重中之重	zhòng zhōng zhī zhòng	高等	10680	10
364	诸如此类	zhūrú-cǐlèi	高等	10698	4
365	自力更生	zìlì-gēngshēng	高等	10913	17
366	自强不息	zìqiáng-bùxī	高等	10915	17
367	自然而然	zìrán'érrán	高等	10917	1
368	自始至终	zìshǐ-zhìzhōng	高等	10922	2
369	自私自利	zìsī-zìlì	高等	10924	20
370	自相矛盾	zìxiāng-máodùn	高等	10927	30

371	自言自语	zìyán-zìyǔ	六级	10933	13
372	自以为是	zìyǐwéishì	高等	10934	19
373	自由自在	zìyóu-zìzài	高等	10936	26
374	总而言之	zǒng'éryánzhī	高等	10962	13
375	纵横交错	zònghéng-jiāocuò	高等	10977	7
376	走投无路	zǒutóu-wúlù	高等	10992	28
377	足智多谋	zúzhì-duōmóu	高等	11005	16
378	罪魁祸首	zuìkuí-huòshǒu	高等	11045	21
379	左顾右盼	zuǒgù-yòupàn	高等	11058	14